Edgar Balaguera

El descentramiento urbano en Venezuela

La emergencia de los últimos revolucionarios

La Campana Sumergida Editorial

Bielsko-Biała — Polonia
Wydawnictwa Naukowa

La Campana Sumergida Editorial

COLECCIÓN: El acorazado Potemkim
Serie: El enano negro

Reseñador
Prof. Rafael González
(Universidad Pedagógica Experimental Libertador UPEL)

Consejo de Redacción
José Ramón González (Universidad de Valladolid)
Araceli Laurence (Universidad Nacional Lomas de Zamora)
Carlos Dimeo Álvarez (Universidad de Bielsko-Biała)
Carlos Javier García-Fernández (Arizona State University)
Eduardo Becerra (Universidad Autónoma de Madrid)
Epicteto Díaz Navarro (Universidad Complutense de Madrid)
Hebert Benítez Pezzolano (Universidad de la República)
Jorge Dubatti (Universidad de Buenos Aires)
Anna Wendorff (Universidad de Łódź – Polonia)
Luis Martín-Estudillo (University of Iowa)
Adriana Sara Jastrzębska (Universidad de Bielsko-Biała)
Kasia Szoblik (Universidad de Bielsko-Biała).

1ª edición
ISBN 978-83-933115-9-0

Índice general

Prólogo

A partir de una «sociología urbana» y de una «sociología de la ciudad» el primer dilema que nos toca asegurar en la lectura de este texto tiene que ver fundamentalmente con el significado teórico que tales posturas sociológicas exigen. No se podría pensar en modo alguno sobre el valor que la dispersión social ha adquirido en Venezuela hoy y en general en el mundo entero, sin antes dar una respuesta desde los contenidos teóricos que pudieran extendernos una explicación de estos acontecimientos. Está claro que no es un problema de densidad poblacional, de movilidad territorial. Los "acontecimientos" además no son meras y simples actitudes, o pareceres remarcados sobre un tiempo, tampoco sobre "espacios" y de ninguna otra manera simples modos de actuar de la "gente" en un contexto que se torna cuasi–único: la ciudad–local, la ciudad mínima. Antes bien se debe avanzar en torno a la idea de que ese común histórico llamado la "gente" viene propiciado por un cuerpo sociológico, que ha definido a su vez, el devenir histórico y político de los últimos años. Echo que se transforma en una realidad que da cuenta, de manera sustantiva, sobre la Venezuela contemporánea, y también de cuáles son sus identidades societales, sociales, máculas de universos manifestados en expresiones de órdenes individuales o colectivos.

Parece evidente que esa "integralidad", "cabalidad" representa la ciudad constituye para el conjunto de los actores sociales que participan en ella dentro de una irresoluta conclusión de lo que históricamente ha significado además la teoría de la planificación o la distribución territorial en Venezuela. La desproporción territorial frente a la distribución de esta así como las incólumes fuentes geográficas, nos llevan rápidamente a pensar sobre esta cuestión, y la pregunta que inevitablemente resurge es aquella que reza ¿Hay planificación en Venezuela?

Aunque el aporte teórico de Balaguera (como siempre) no alcanza solamente los límites de lo urbano-geográfico, como mero dato estadístico, sí supone un punto de partida para el debate en cuestión. No obstante, la ciudad para Balaguera no es una mera esfera física o descripción topográfica, localización de coordenadas, grados y latitudes. Debemos decir que: no. Al contrario, en su haber antropológico–sociológico, la ciudad le alberga primero que nada una experiencia histórica que es muestra palpable de los fundamentos históricos y a su vez. Así rápidamente sentencia:

> Bien sabemos que allí donde pudo prosperar la ciudad tal al cabo del tiempo y unas circunstancias bien oportunas y precisas le hubo de continuar la ciudad cual. Históricamente las ciudades se han venido tanto renovando como reinventando. (Balaguera 2015: 4)

De manera que en este caso, si se trata de hablar en torno a los "territorios" que pueblan la Ciudad, no significa que solo nos este os refiriendo al lugar de asentamiento de una "tribu" (Maffesoli, 1993) y tampoco de los desplazamientos que en estas se puedan ocasionar. De lo que sí parece que se trata es de establecer los parámetros y coordenadas de las formas de vida y habitabilidad de una ciudad toda vez que ella no permanece y existe solo en el campo de su planificación, sino que va un poco más allá cuando se trata de pensar en relación a un conjunto intrínseco de elementos que llevan a promulgar la aparición de otra nueva ciudad. De manera que, si leemos correctamente, una ciudad como la "moderno-centrada" refiere justamente a aquel conjunto de experiencias y sentidos, de comportamientos y prácticas causadas dentro de un 'magma civilizatorio' moderno de la modernidad instalada." (Balaguera 2015: 9) Y esta misma idea nos lleva a pensar en la ciudad como un campo auténtico de subjetividades. En realidad todo territorio, todo terreno lo es en sí mismo y no necesita más.

Pero, en Venezuela ha ocurrido un caso particular, la ciudad se construyó a partir de sus éxodos y llegadas en masa, de "gente" que se fue y "gente" que vino de un lugar a otro, llegando o yéndose sin "previo aviso", sin comprender el sentido y valor central de la migración o incluso sin tener un motivo central aparente que le obligara a moverse. Aunque no podemos afirmar el sentido único de la migración como un terreno fácilmente pensable, si bien no lo es en sí mismo, sí que puede ser fuente de un método de control social, control que se mide de múltiples formas y que marcan también en muchas ocasiones los índices de la cultura.

De tal manera que sin orden estricto alguno y aparentemente sin motivo, se dio el despoblamiento de un territorio y consecuentemente la llegada de un nuevo asentamiento creando así otro nuevo territorio. El movimiento ingente de grupos sociales, por supuesto, no tiene que ver, ni se produce de la misma forma que con los desplazamientos forzosos, como por ejemplo se suceden en países como Colombia. Parece evidente que aquí la "cosa" es otra aunque en un ejercicio de pensar la ciudad y sus movilidades en algunos casos el móvil de la "guerra interna" pueda producir estos efectos. Esto se debe entre otras cosas a muchos factores, pero sobre todo a uno de suma importancia que deseamos mencionar aquí, se refiere a lo intrincado del terreno y lo accidentada de su geografía, la inclemencia del clima, que en muchos aspectos marca el sentido de permanecer en una ciudad o simplemente de irse. Fue Francisco Herrera Luque quien flamantemente en su novela "La luna de Fausto"(Luque, 2013) nos descubre las razones del despoblamiento de ciudades como Coro u otras zonas adyacentes. Razones aparentes, pero más que obvias, desolación y devastación del territorio, tierra árida, un suelo seco y sin mucha posibilidad de cultivo, de manera que; escasez de comida, o ganado casi inexistente. En el extremo opuesto no se debe dejar de lado al opúsculo prólogo de Bocaccio en "Decamerón"(Boccaccio, 2004) cuando anuncia que solo en Florencia durante el periodo de la Peste Negra o Peste Bubónica hacia el siglo XIV murieron al menos 140 000 florentinos (intramuros) a manos de la devastadora catástrofe que casi arrasó con la ciudad y con todos sus pobladores.

Sería pues una verdad tonta decir exactamente que Balaguera recorre estos confines pero aún más avanza sobre otros que la sociología cotidiana, no ha alcanzado a desandar mucho en Venezuela. Evidentemente esto parece más que obvio. No obstante el autor se refiere, antes bien que a una clasificación de los quehaceres cotidianos de la ciudad, a *Los nuevos y radicales descentramientos citadinos* (Balaguera 2015: 18) en los que, tomando como centro de referencia no solo al ya mencionado Maffesoli, sino ahora a Marc Augé, nos lleva a penetrar el conocimiento sobre la ciudad a través de sus personas, descubriéndolas en clave de la "producción y explosión de '[aquel]*los no lugares*' que Augé también invoca". Estamos ante la construcción venidera de una micropolítica del sentido y no solo del lugar, sino también del posicionamiento que los actores sociales abordan en la Venezuela contemporánea.

En la ciudad devastada la vida no vale nada y la corrupción, desmoralización están a la orden del día, donde sus habitantes, bordonean, acordonan esos *no lugares* que de otra manera son el puente de comunicación directo con su existencia o con su propia vida. En consecuencia, la ciudad nos presenta (según Balaguera) a estos nuevos actores sociales como sujetos que prácticamente deambulan a según ejércitos-ejercidos por otro el dominio de otros. En este sentido Balaguera explica:

> Suerte de "nuevos actores" capitaneados por un (cada vez más) indisciplinado y extenso "ejército" de voluntades y sensibilidades indistintas, las cuales por todo aquello que cargan para arriba y para abajo, por lo que con sus prácticas colocan reiteradamente en juego, igual los estamos pensando un tanto atrevidamente y a segura molestia y desdén de quienes hasta ahora se han apropiado del copyright de las teorías y del pensamiento social, como los últimos revolucionarios. (Balaguera 2015: 20-21)

Vemos pues la ciudad latinoamericana ocupa un lugar diferente al que ha sido demarcado por la planificadora modernidad europea. Modernidad que no solo estructura mecanismos de construcción de poder, sino que valora y exige o en otras ocasiones exime a sus transeúntes.

Las figuras que observa el libro apuntan en distintas direcciones que van construyendo categorías, arqueologías, genealogías no solo de la ciudad sino también de sus "habitantes". Quisiéramos mencionar algunos de ellos y dejar luego al lector que perciba desde su estatus o su reflejo en que orden se instituye y constituye la propia discursividad de cada uno. Inicialmente Balaguera nos conduce por la definición de su lo que a posteriori será su materia prima de trabajo. De esta ya hemos hecho mención hace un momento. Luego de este mapa teórico el autor nos ubica en la fuente primordial de su trabajo, los actores sociales que conforman la estratificada realidad social que los conmueve. De manera que pasamos de una estructuración teórica a su modelo práctico y Balaguera habla de *El descentramiento urbano, la emergencia de los últimos revolucionarios* (Balaguera 2015: 21–69) aquí se acerca primero a una metodología lingüística que le servirá de base y sostén para el abordaje sociológico que vendrá después. Esta metodología por supuesto apunta a una explicación vista desde el cuerpo de la antropología. Y desde el lugar de la sociología enlaza con aspectos centrales a través de explicaciones antropológicas. Así que la primera pregunta que se hace Balaguera en concreto es ¿Quiénes son los descentrados? y de esta manera avanza y atiende a la relación trabajo–familia pero con el objeto de darnos cuenta de algo más sustantivo: la explicación de que un problema estructural marcado por una sociología mecanicista que interpreta todo en aras de resolución de marcos conflicto, pero que no se figura el interior del sujeto, elabora y activa a los nuevos actores sociales junto a sus prácticas. Resulta evidente que existe una sociología la cual trata a la persona solo como objeto (in-natural), o simplemente como variable–dato de su análisis. No obs-tante, el móvil sociológico que quiere desarrollar el carácter volátil y subjetivo del objeto de estudio (la persona) no en su carácter in-natural, sino evidentemente propio de la acción en sí misma es una clara manifestación una búsqueda que hoy por hoy como casi todas las ciencias sociales, la sociología ha abandonado actuando para sí misma impertinentemente. Claro está que al modo de Balaguera, la mirada no nos sugiere como en el *Cándido* (Voltaire, 1981) de Vol-taire, una perspicaz mirada inocente, idílica, paradisíaca del vetusto mundo que nos rodea. Ya conocemos su tesón foucaultiano, derri-diano, maffesoliano, etc., pero esa naturaleza le permite llegar a una primera estructura que se ubica en la base del ¿Quién / Quiénes? Y que le permite categorizar abruptamente en:

> Personas y familias completas las cuales en virtud de desarrollar unos modos de vida tan distantes a los convenidos y reglados por la sociedad dominante, aquello de convivir bajo unas determinadas reglas y señales de ciudadanía muy puntuales, les colocaba bajo una condición de vida peligrosa, pues al ser sujetos anómicos ya la sociedad (y la ciudad) establecida no podían hacerse cargo de ellos, en consecuencia estos debían y tenían que arreglárselas por sí mismos para conectar y continuar perviviendo.(24)

Ahora bien, la pregunta junto a su respuesta lleva a una primera "entrada", acepción del sujeto familiar que construye desde su mo-do discursivo una palabra "rebusque" y que le da pie a Balaguera para mostrarnos el periplo sociológico de estos nuevos actores so-ciales, o de estos sujetos que aparecen en el marco de la compleja totalidad. Sigamos así que Balaguera explica:

> La palabra rebusque ha tenido y sigue teniendo en nuestras cul-turas cuando menos, dos acepciones: Una, la que desde lejanos tiempos viene siendo ensayada por personas, familias y grupos de población excluidos del aparato productivo formal, de los campos del empleo público y olvidados por aquel tipo de Estado que no ha visto en los parias, en los pobres-pobres (la pobreza extrema) y los excluidos en general, amén del voto, mayores razones de atención, inversión, solidaridad o justicia social para con los mismos. (25)

Estamos antes un punto de partida que desarrolla otros esque-mas y entes, al responder por el ¿quiénes son? Y tomar la imagen de aquel que busca complementar la acción del trabajo con un "re-busque" se muestran a su vez una poblada infinita de otra serie y conjunto de términos que van dando cuenta del despliegue casi au-tomático que forman no solo aquello podemos considerar nuevas tribus, sino también nuevas castas sociales. Estructuras que repiten (casi como en un eterno retorno) el desarrollo histórico social y económico que ha vivido Venezuela desde tiempos de la Colonia. En consecuencia "el rebusque" le permite a Balaguera decir también: "'el resuelve', 'echar unos tiritos', 'buscar la arepa', 'conseguí un llegue', 'hice una maraña' 'hacer una vuelta'"[1] tomar toda esta nomenclatura como punto de partida para exponer una serie más completa de figuras sociales que se van perfilando en la Venezuela contemporánea. Con esto logra "estallar" el mecanismo que opera en un sinfín de segmentos sociales, cuerpos revolucionarios o creados durante la revolución, quizá más bien deberíamos decir aparecidos, figuras y sujetos de un imaginario colectivo, que describe no solo una realidad local o particular, sino también una perspectiva propiamente latinoamericana. El autor no se dedica únicamente simplemente a enumerar, sino que dedica la clasificación inicial como una parte de la "caja de herramientas" con la que posteriormente a través de la entrevista y de la palabra operará. Y de esta manera llega a la exhaustiva clasificación entre muchos otros de los que nombra, de: "Parqueros, Carpeteros, Carrucheros, Cartoneros, Buhoneros, Lateros, Cirqueros, Músicos de intemperie, Farmaceutas de intemperie, Libreros de intemperie." etc. entre muchos otros.

Desde el quien parte a la arquitectura de los descentrados abocándose así al tema del tiempo, del espacio social de vida y de trabajo, pero sobre todo a las actividades en la que estos sujetos (no actores individuales) forman parte de una integridad nueva. Nuevos actores y nuevos sujetos, con nuevas conflictividades y nuevas formas descriptivas de si mismos. Son también una nueva raza de pobladores que muestra el progresivo decomiso de otra subjetividad. No es solo un recuento basado en una metodología descriptiva o etnográfica. Es un análisis exhaustivo de un nuevo sistema organizacional y de valores que por ahora no se ha analizado lo suficientemente.

Para esta arquitectura de los descentrados, nuevamente Balaguera se vale de una categorización dividida en siete aspectos que a nuestro entender distribuyen en grandes temáticas y miradas el perfil de los descentrados. Aunque el autor tiene su manera de enunciarlos y analizarnos nosotros diremos aquí que los siete aspectos hacen referencia a:

---

[1]Recordemos también el tan consabido: "matar un tigre", "esta noche tengo un tigrito".

1. Construcción de espacios de trabajo a falta de uno estable (lo que Balaguera ha llamado: Soberanías a Granel.
2. Movimiento y manipulabilidad de los actores sociales, movimiento territorial, aspectual, intelectual. (sistemas formas de intercambio y negociación) una ruta de los mercados actuales y de los sistemas de transacciones comerciales.
3. Plasticidad, que se refiere a la movilidad sobre la cual los sujetos pueden moverse no solo desde el cuerpo, sino también desde el lugar del tiempo, y del espacio.
4. El carácter nomádico de este nuevo sujeto que es una retoma por parte del autor del libro de reubicarnos en Maffesoli retrotrayéndonos a la alta volatilidad de los desplazamientos que se sufre el sujeto descentrado y que se reactualiza en el capitalismo contemporáneo para profundizar sobre el universo que atiende este pensar la ciudadanía hoy.
5. La conformación de un nuevo esquema de lo público y lo privado. Mostrando que lo privado está cada vez más abandonado sobre la base de lo público. Borramiento de líneas que demarquen el espacio. Volubilidad de las fronteras y exponiendo una nueva perspectiva de lo liminal.
6. En este punto Balaguera hace énfasis a la creación de nuevas miradas y tecnologías que refuerzan los esquemas de representación social, los mecanismo "paleativos" de las crisis societales en las que se desenvuelven los sujetos y otros aspectos remitidos a el "cómo" se hacen las cosas. El valor de la economía en la tecnología y viceversa, una tecnología que se funda en "economías de préstamo".
7. El desarrollo de la crisis del sistema económico abre un nuevo aspecto en este actor descentrado que se refiere a la necesidad de establecer para este completo dominio de cosas los bajos costos de inversión sobre los que se asientan los capitales intelectuales y sociales.

Así el autor cierra el capítulo después de ordenar una clasificación que está en aparente desorden de sí misma. Capítulo que se expresa como eje central del precedente teórico explicado y que conectará con el siguiente sostenido en la exposición de ejemplos y situaciones que describen a cabalidad lo que hasta ahora se viene planteando.

La parte final del texto se divide en dos grandes áreas, más un epílogo breve. Dos áreas que apuntan a los sistemas y los actores sociales que representan esos dos sistemas. Así la primera donde el autor nos muestra el cambio social que han producido los "descentrados", el cambio que los "descentrados" promulgan a partir de ese conglomerado de relaciones y la revolución del trabajo sustentado en un clima de tensiones pero también de relaciones sociales que hacen oscilar a los actores que las representan; un segundo aspecto que se despliega a lo largo del texto pero que en esta parte se centra y se refiere a lo que los "descentrados estallan", aquí juega y forma parte de manera detallada el tema de la revolución. ¿Qué es la revolución? ¿Qué ha sido? ¿Cómo los sujetos la interpretan y la definen de acuerdo a su discursividad? En una especie de teleología del asunto revolucionario nos lo describe con la mirada puesta sobre lo que vendrá un poco más adelante (la descripción caracterizada de los personajes más importantes que la encarnan); y el tercer aspecto al que se refiere Balaguera para mostrarnos la Revolución que causan los Descentrados, habla sobre el residuo o lo que dejan a su paso en ese estado de fragmentación de las nuevas geografías revolucionarias entendidas y leídas en el sentido ético, estético, político, etc.

Finalmente el libro nos lleva a una compleja clasificación que se describe en tres personajes fundamentales de todo el marco que el autor ha desarrollado desde el principio. Balaguera se refiere a los Parqueros, Carpeteros, Bachaqueros. No es precisamente un manual de "zoología fantástica" lo que nos está mostrando, sino la concomitante resonancia de años de cambio social pero también de complejidad modelar de lo otro, y claro está del otro también. Ante la flagrante transversalización de los valores, su mutación, su nuevo modelo sintáctico, se logra exponer que es más que necesaria esta recuperación. Pero no recuperar algo que está perdido, sino darle un esquema de concreción y rección para que pueda ser explicado en sí mismo. Porque la retoma de esta discursividad no es solo un ejercicio descriptivo de la ciudad, del espacio, de la cultura, del hombre, del sujeto, etc. No lo es. En términos de formato, Balaguera hace uso y gala de las herramientas teóricas y metodológicas para dar cuenta de este nuevo sujeto venezolano que se nos avecina de múltiples y variadas formas y al que desconocemos casi de manera entera. Parece que es por vez primera que empezamos a identificar una materia que hasta ahora no era susceptible de explicación. Pero no solo lo hace desde una mirada teórica, lo hace también desde el conjunto de cosas que implican para un antropólogo–sociólogo adentrarse en le ciudad. Por ello, al principio de este prólogo hemos recordado a Boccacio, porque "El Decamerón" nace de una intromisión y así el libro de Edgar Balaguera nace de otra. Si el autor no se hubiera metido en el centro de este espacio poco podría decirnos en relación con esa nueva ética y estética que se avecina. Hacer frente a mostrar y entender ese reflejo de lo que somos hoy es una tarea y obligación del intelectual y de aquel que hace vida intelectual, este libro es la muestra palpable de ello. Su honestidad y a la vez su valentía sacan adelante algo que todavía es materia pendiente, comprender la realidad histórico–social que nos deviene en lo que somos. Cerramos con una frase de Julia Kristeva en su libro *Extranjeros para nosotros mismos* que dice: "la expresión del extranjero señala que está 'más allá'"(Kristeva, 1991, p. 12.).

Referencias

[1] Boccaccio, G. (2004). *El decamerón*. Editorial Castalia.

[2] Kristeva, J. (1991). *Extranjeros para nosotros mismos*. Plaza & Janes.

[3] Luque, F. J. H. (2013). *La Luna de Fausto*. Sudaquia Editores.

[4] Maffesoli, M. (1993). *El tiempo de las tribus: el declive del individualismo en las sociedades contemporáneas*. Madrid: Icaria.

[5] Muller-Bergh, K., & Rama, Á. (1985). *La ciudad letrada*. *Hispania*, *68*(3), 530. http://doi.org/10.2307/342466

[6] Voltaire. (1981). *Cándido o El optimismo; seguido de Zadig o El destino* (Vol. 8). Madrid - España: Edaf.

Prof. ATH dr. hab. Carlos Dimeo Álvarez
Universidad de Bielsko-Biała

Exordio

> Siempre nos faltarán palabras, olfato y, sobre manera, mucha más capacidad comprensiva para decir con mayor propiedad el mundo de la vida que efectivamente vivimos. Quizás tanta carencia se nos consuele (en parte) con el atrevimiento de empezar a decir lo dicho del modo que ya lo vamos diciendo.
>
> Hermeneia IV

Las ciudades se nos presentan en sí mismas como territorios coloridos, repletos de movimentalidades por doquier, con todo lo que algunas de sus apariencias quisieran ocultarse. Los trasegamientos que cotidianamente prosperan –prosperamos– en ellas, devienen hechos sumamente regulares, en la mayoría de las oportunidades asuntos sumamente muy continuos, así, las cadencias y sinuosidades que exponen las urbes, viven estallando con demasiada constancia en cualquiera resulten sus tantos lados o costados constitutivos.

En virtud de las ocurrencias de maniobras (expresas o silentes) que en las ciudades van obrando consuetudinariamente sus disímiles actores, es por lo que también ellas pueden perfectamente leerse como suerte de campos o teatros de guerra y reiteradas batallas, pero igual en acampados para la puesta en escena de prácticas y sentidos trabados sobre las bellas cualidades del encanto y la conciliación permanente.

Una estampa ligera de las ciudades nos va a informar que, ayer como hoy, guerra y religión, combates y fe (sin combates), parecieran poder coexistir en tanto atributos innegociables del mundo de la vida citadina.

Desde la perspectiva ecológica, las ciudades pudiéramos registrarlas acaso en ambientes para la afirmación de la vida por sobre todo aquello que resulte su contrario, solo que la palabra vida en tales montañas, valles o ensenadas no obtiene una sóla prescripción, en nada constituye un texto unívoco, en consecuencia nos va a resultar cada vez muy común escuchar cualquier parlamento venido de sus heterogéneos actores justificando aquello que efectivamente hacen o quieren hacer (incluyendo la muerte), en nombre de unos pretendidos, portentosos y no menos encofrados derechos de existencia, personales y/o colectivos.

Paradojalmente la ciudad, las ciudades, son lugares de la vida porque llevan incrustado en sus adentros la liquidación (al menos la pretensión) de sus contrarios, y tal pretensión igual traduce (en demasiados casos) sendos ejercicios por proteger naturalezas afines, al igual que para querer acabar radicalmente con ellas. Con todo que las urbes son hábitat de las especificidades a granel, tienen en común la germinación y desarrollo de experiencias y sentidos que ocurren en unos lugares que por tradición les llamamos urbanos, esto es vidas y experiencias que no se cumplen sino en ambientes y escenarios que en lo sustantivo no resultan nada silvestres, campesinos, agrarios o ganaderos.

La ciudad está pivoteada sobre actividades y prácticas que, por sobre todas las cosas, privilegian la excitación del comercio, la industria, los servicios, los divertimentos y la recreación bajo una determinadas premisas y condiciones, lo cual origina y vigoriza la cristalización de unos fecundos modos de vida residenciales.

Hasta ahora las producciones masivas que se originan en las urbes, aluden fundamentalmente a la generación de bienes y servicios de factura durables y desechables.

Con independencia de su localización, la urbe ha podido pervivir (entre otras cosas) gracias al reconocimiento y acatamiento de sus múltiples residentes respecto a unas ciertas claves o dispositivos de existencia común, pues sin tan vital y fundante gobernación "invisible", los actos urbanos tornan todos selváticos, muy quiméricos.

Sin acuerdos y reconocimientos de órdenes mínimos de parte de sus huéspedes, sencillamente la vida en la ciudad sería imposible consumarla del modo racionalmente esperado, de allí que "vivir la ciudad" es mucho más que el mero "vivir en la ciudad".

La experiencias históricas de ciudades verdaderamente conocidas nos hablan justamente de la existencia, por largos calendarios, de unos prototipos de vida causados y consolidados, en parte importante motivado a la existencia de unas determinadas legislaciones y gobernaciones, altamente regias, muy dictatoriales, como a la dura resignación de sus habitantes respecto a vivir de acuerdo a lo que pauta y determina la ley de la ciudad, de allí que los exilios, las renuncias, los abandonos o las insubordinaciones de sus residentes inconformes con los criterios y las gobernanzas establecidas, no se hayan hecho de mucho esperar.

Si bien es cierto que eso que llamamos vida urbana lleva ya un acumulado de historia cercano a los diez mil años, también lo es el hecho de saber que ya no es la tónica, la templanza ni la gobernanza entonces imperantes en ciudades como la vieja Catal Huyuk de Anatolia o la Jericó Palestina, aquello sobre lo cual se arman, tonifican e identifican las ciudades contemporáneas.

El excitante decurso humano ha llegado a producir diferentes experiencias y modelos de ciudad, tan similar al número de decaimientos y desfallecimientos que han venido igualmente sucediéndose, de lo cual se sigue que, exceptuando a la ciudad de Dios, las demás (urbes) han estado resultando tramas y encofrados muy contingentes, los cuales en tanto se erigen y florecen en paradigmas citadinos, hasta servir para la admiración, la copia y la envidia de propios y extraños, a la postre también declinan indefectiblemente.

Bien sabemos que allí donde pudo prosperar la ciudad tal, al cabo de un cierto tiempo, en medio de unas circunstancias bien oportunas y precisas, hubo de continuarle la ciudad cual, por ello hemos de sostener que históricamente las ciudades se han venido reinventando y declinando.

Si las ciudades se debilitan y declinan es porque de alguna manera en sus cimientos, en sus centros, pliegues o porosidades, alguien ha colocado allí unas potentes minerías que, cual dinamita, en algún momento van a estallar, llevándose por los aires, con sus rudas explosiones, lo más caro y vivo de unas valiosas (hasta milenarias) tradiciones culturales que nunca se curtieron tan inmediatamente.

Las figuras de las minerías y los dinamiteros bien sabemos que en las experiencias (de ciudades) verdaderamente acontecidas, nunca han sido de un exclusivo tenor, esto es, los móviles que han podido juntarse y coadyuvar a la finalización de tal o cual topia de ciudad, ciertamente han sido de varios tipos, marcas y calibres.

La ausencia de política, religión, educación, virtuosismo, valor, ánimo, liderazgos, disciplina, vigilancia, controles, identidad, empatía, amor o de cualquier otra soldadura cohesionadora del grueso de variables y dimensiones, de personas y culturas, que porta la territorialidad urbana en cuestión, han logrado circunstancialmente llegar a un punto de agitación y aceleración tal que se vuelven capaces de hacer entrar a las ciudades en plenos estados de metástasis, tras lo cual la modelística de urbe históricamente establecida anuncia su real retirada.

Cuando la ciudad, sus ciudadanos, tradiciones e instituciones no logran dar cuenta efectiva de las dinamitas y dinamiteros enemigos que pululan en su interior y le desprecian, ella va indefectiblemente a querer fallecer para, en su defecto, ir a congraciarse en los archivos de la historia o de la antropología.

La clase de ciudad que en este ejercicio intelectual vamos a estar nombrando como *moderno-centrada* refiere justamente a aquel conjunto de experiencias y sentidos, de "espíritus", comportamientos y prácticas causadas dentro del magma civilizatorio moderno o de la modernidad instalada (desde hace rato) en demasiadas culturas y sociogeografías del mundo *orbis terrae*, la cual en correspondencia a lo que sucede con la modernidad misma, ha llegado a un punto de inflexión, con apariencia francamente irreversible, que le va anunciando ya su más radical mutación y/o transformación.

La ciudad que ahora vamos distinguiendo en fase de pleno declive, pudo ser funcional e histórica, ello es, ha logrado tener lugar, color, olor, huella y un rostro más o menos definido, justamente gracias a que en parte importante de suyo logró establecer-se sobre un peculiar y significativo centro, y en nuestro trabajo la figura del centro urbano tiene un alcance y una eficacia mucho más que geográfica.

Decimos que la clase de ciudad referida es o ha resultado ostensiblemente centrada, en tanto el grueso de agendas y asuntos que despliega en sus horizontes y firmamentos están recluidos o aglomerados en un campo de fuerza epistemológico y cultural unívoco, el cual ha fungido en suerte de comando y cemento central que igual dicta, emana, homogeniza, vigila, regula y controla el sentido, la calidad de las acciones, las mentalidades, las subjetividades, las formaciones, las relaciones, las gobernanzas, los premios y castigos que han llegado a obtener sus habitantes y familias sobre aquello que efectivamente hacen o dejan de hacer en dichos predios.

El prototipo de urbe indicada es totalmente localizable en un tiempo histórico, tal modelo de ciudad es potestativa de la experiencia civilizatoria que conocemos como *modernidad*, en consecuencia son unas determinadas comuniones estéticas, éticas, políticas, económicas, comerciales, educacionales, sexuales, residenciales, laborales, semióticas, aquellas que fungirán como coordenadas capitales de todo lo que ha de cumplirse formal y funcionalmente en tal explanada citadina.

La clase de ciudad -ciudades- que privilegia y echa a andar la *modernidad* son del tipo *centrada* o *moderno-centrada*, en tanto lo que ella prospera constante y regularmente estará gobernado por un conjunto de dictos y dictados que no siempre se nos hacen totalmente visibles, acaso sí se nos deslizan bajo los formatos de leyes, ordenanzas, protocolos, estados de ánimo, valoraciones, gustos, indicaciones, permisividades y prohibiciones respecto al conjunto de cosas, desplazamientos, emplazamientos y/o estacionamientos que quiera cualquiera humano allí fecundar.

De entrada, la *ciudad moderno-centrada* no se nos anuncia ni presenta expresamente totalitaria, sumamente prohibitiva, por ello permite y es defensora de una marca de libertad tal, siempre que los trasegamientos de las personas que aloja no devengan en *hostis* conspiradores contra el orden reinante, de lo contrario aquellas prácticas "peligrosas" en realización o latencia, resultarán pensadas y tratadas como contra-urbanas, contra-ciudadanas y contra la ciudadanía realmente constituida.

Prácticas "porqueras" que las cuales están destinadas inmediatamente a ser corregidas, castigadas y/o desterradas, pues no existe ciudad que no tenga alguna clase de "muros" de defensa y defensores.

Quizás uno de los mejores modos que obtengamos para producir la comprensión de la ciudad moderna en entidad sustancialmente centrada, esté en aquello de divisar los aspectos visibles e invisibles que motorizan a su actividad productiva, laboral, financiera, comercial, educativa, política, judicial, residencial, sexual, deportiva o recreacional en cuestión.

La ciudad moderno-centrada la alcanzamos a reconocer enteramente vigorosa y saludable, precisamente porque tal conjunto de actividades y desempeños se van cumpliendo con cierta normalidad, muy apegados a lo indicado en sus respectivos protocolos, de otro modo, cuando los desempeños, las mentalidades y sentidos de sus plurales habitantes comienzan a realizarse sobre el dicto y el dictado que cuelgan en la cabeza y en los deseos del cada quien o del cada cual, llanamente la lógica de la ciudad constituida, sus principios de autoridad, gobernanza, disciplina y límites, van a empezar a encallar, destilando —en lo que sigue— mucha anarquía e ingobernabilidad.

Vista de este modo, la última experiencia de ciudad (moderna) vuelve locación enteramente en vilo, muy suspendida de continuidad, de cara a los ¿fermentos y agitaciones "extrañas" que van sucediendo en ella.

El texto que ahora estamos entregando a nuestros exigentes lectores, cree encontrar precisamente en la figura ordinaria de los *descentrados y los descentramientos*, aquella suerte de dinamiteros que raudamente van emergiendo y eclosionando a la experiencia y prototipo de última ciudad verdaderamente conocida, mutándola cada vez más en ciudad-otra.

Aquí la palabra *descentrados* procura ser voz bien nítida, alude a nombrar las prácticas, los oficios, los desempeños, las estéticas y sentidos que van dejando apreciar y deslizar dentro de la urbe real, una (cada vez más) extensa tribu de personas y familias enteras, quienes de pronto, ante los tantos relajos culturales y circunstancias de pervivencia económica, social, política y cultural exigida, van soltando amarras sobre los lugares, modos, formas, normas y políticas que regularmente debían cumplir-se dentro de la gran urbe que les ha cobijado, para instalar en ella sus propios ritmos, mecánicas y legislaciones de sentido.

Tanto en sus acostumbrados centros geográficos e históricos como por cualquier otro poro y pliegue constitutivo propio de la urbe, vivimos apreciando reiteradamente hoy la presencia *in crescendo* de un cuantioso número de personas, con edades, sexos, escolaridades, profesiones, habilidades, saberes, ideologías, religiones, identidades y nacionalidades del más espeso variopinto, instalando y dejando correr un extenso mundo de actos y acciones heteróclitas, muy ajenas y distantes al tipo de actos y acciones, funciones, lugares y protocolos establecidos por la urbanidad moderna.

Los descentramientos en consideración pueden perfectamente leerse en claves de vecindad con, por ejemplo, aquellos trabajados por Martín Barbero, para quien la vida urbana de nuestros días empuja fuertes procesos y experiencias de *des-espacialización*, motivados por el cambio sustantivo y radical que ahora va conociendo el patrón convencional de la comunicación, lo cual conlleva a una cierta homologación de ambos términos. Al respecto nuestro autor de marras nos dice:

> Des-espacialización significa también descentramiento, esto es la equivalencia (e insignificancia) de todos los lugares que produce la pérdida del centro: del sentido que convertía a las plazas, a ciertas calles y rincones en lugar de encuentro[2].

---

[2] Martín Barbero. Descentramiento cultural y palimpsestos de identidad. Estudios sobre las culturas contemporáneas. México. Universidad de Colima, 1987. pág. 97.

Por lo demás, el trabajo en entrega se reconoce en deudas múltiples con sus ansiados lectores, sobremanera en lo atinente a un evidente vacío del tipo estadístico, pues por mucha averiguación y arqueo de fuentes distintas que realizamos, no logramos obtener por ningún lado estudios, respaldados con datos, cifras o cantidades estimables y aproximadas que logren informar sensatamente del tamaño y demás propiedades que en los últimos años han venido alcanzando este tipo de personas y desempeños, que no sean las referencias a la llamada "economía informal".

No obstante, quisimos comenzar a saldar tan cara deuda generando un primer boceto matricial que muestra tentativamente un importante número de oficios descentrados pululando abiertamente, acompañándolos de los tantos micro-territorios y clase de actividades que en los últimos años tales poblaciones vienen efectuando.

En cualquier caso, sírvanos la ausencia de dichas informaciones para indicar que en tal molecular mundo yace un copioso manantial de asuntos políticos, económicos, sociales, tecnológicos, ingenieriles y culturales de gran valía, sobre los cuales bien vale la pena dirigir en lo inmediato pacientes esfuerzos cognitivos y apreciables recursos de investigación.

La misma fuerza social, cultural y económica que ponen cotidianamente en juego los *descentrados*, va siendo de tal magnitud que han ido causando ya unas severas modificaciones y transformaciones al modelo, sentido y experiencia de ciudad moderno-centrada instalada, en consecuencia es por lo que hemos utilizado para su aprehensión y sin mayores reparos el sintagma análogo de *los últimos revolucionarios*.

Por supuesto, los cambios revolucionarios, (sustantivos) que los *descentrados* van ocasionando en la ciudad, guardan y exponen extremada lejanía con buena parte de las formas o fondos imputados a las revoluciones y a los revolucionarios moderno-contemporáneos.

En la saga experiencial de *los últimos revolucionarios* no hay algo así como una teoría, una construcción crítica, una moral, unos mandamientos, un partido, un comandante, un comando central, una teleología o una ideología, mucho menos un plan racionalmente conspirativo contra el orden urbano constituido, si a cambio todas unas necesidades, imaginaciones, atrevimientos y desempeños con los cuales van moviendo los conceptos de lugar, orden, autoridad, gobierno, trabajo, horarios, protocolos y demás cuñas colocadas habitualmente por la ciudad y la modernidad misma para sus tantos ciudadanos.

El texto procura mover la comprensión de *los descentrados* del lugar asignado por el pensamiento social convencional, en especial por la conocida biblioteca sociológica, en el sentido de no pensar sus exponenciales crecimientos ni el complejo universo de oficios y desempeños que cada vez estallan más, sobre la exclusividad que informan las maltrechas y malogradas dimensiones y variables socioeconómicas de la ciudad o el país aquel donde tales cuestiones se van cumpliendo.

Sin dejar de reconocer que el fenómeno de *los descentrados* y *los descentramientos* continuos están en buena medida enraizados con los impactos y encadenamientos económicos y sociales producidos por los debilitados aparatos productivos y las raquíticas políticas públicas promovidas en esta o aquella ciudad o sociedad, en este lugar pensamos que la armadura de cuerpos, sensibilidades y performatividades vinculantes a figuras tales del tipo buhoneros, lateros, chatarreros, carpeteros, parqueros, bachaqueros, las quincallas humanas, los cirqueros, floresteros, los carrucheros, las taconeras, los pizarreros, tienen (también) mucho que ver con los desencantos y distanciamientos (el clima de relajos) que parte importante de los actores incursos en tales desempeños van almacenando y espetando respecto a unos ordenes, unos conceptos y unas prácticas determinadas de trabajo, cultura, moral y reproducción de la vida social hasta ahora tenidas por unívocas, buenas y exclusivas para todas y todos los residentes urbanos.

Por último, digamos que el conjunto de ejercicios y espéculos plasmados en el texto: *El descentramiento urbano en Venezuela, la emergencia de los últimos revolucionarios*, forma parte de un programa de investigación de más largo aliento que adelanta su autor sobre ese complejo número de procesos y prácticas de cambios, mutaciones y transformaciones que céleremente van teniendo lugar en las ciudades de nuestro último presente, en el cual lo vinculante a *los descentrados* y *los descentramientos* ocupa un espacio de alta relevancia.

Parte I

1 Pliegues del centramiento urbano

1.1. Estampas de la ciudad moderna

> Hablaremos de la ciudad como quien
> habla no solo de edificios y avenidas
> sino de la extraña condición de quienes
> la hacen y deshacen, de la comunidad
> humana y de los grandes cambios que
> han ido definiendo y alterando su
> naturaleza política y moral.
>
> J. L. González Q. De la ciudad histórica a
> la ciudad digital.

Entre las tradiciones y experiencias de ciudad que la condición humana ha podido fundar y conocer a lo largo y ancho de su frondoso devenir[1], sobresale aquella que en numerosos lugares hemos venido apalabrando como moderna (o de la modernidad), la cual en adelante estaremos homologándola y, por ende, llamándole *ciudad moderno-centrada*[2].

---

[1] En rigor, las ciudades han sido bien prototípicas y diversas, aún estando adscritas a determinados tiempos históricos. Quizás, el elemento más común a todas ellas, vistas en claves de la historia y la cultura, lo obtengamos de la observancia tranquila a sus fondos epistémicos o lógicas de sentido. La literatura sobre ciudades (originarias, antiguas, protoantiguas, medioevales, industriales, digitales, posmodernas, letradas, invisibles, profanas, sagradas, es bien extensa. En lo particular, los textos de Lewis Munford. La ciudad en la historia. Bs. As. 1966, Editorial Infinito y José L. González. De la ciudad histórica a la ciudad digital. Madrid, 2003, ediciones Ciudades diversas, lengua de trapo, son bien aportativos al respecto.

[2] Este es el prototipo de ciudad que va a fagocitar la modernidad. Ella se corresponde con el modelo de ciudades que tomarán cuerpo y auge en

Genéricamente la ciudad moderno-centrada habría estado formándose al calor y ritmo de unas determinadas circunstancias históricas; ambientada por unas ciertas atmósferas sensitivas; orientada bajo unas puntuales marcas de pensamiento; palanqueda por unos prototipos de tecnologías; mediada por unos prístinos agenciamientos (de familia, de educación, de trabajo, de política); gobernada por unas (y no otras) formas de producción; cimentada bajo unas evidentes relaciones, fuerzas y voluntades de poder.

Quizás la mejor y más nítida expresión de *ciudad moderno-centrada* sea aquella/aquellas que han podido tener lugar de formación y desarrollo a partir de la explosión de la lógica histórico-cultural capitalista y del capitalismo propiamente dicho y, más adelante, de los experienciales de socialismos reales efectivamente conocidos.

Ciertamente la *ciudad moderno-centrada* posee en común un extenso número de marcas de variados tipos, las cuales ha logrado almacenar en una temporalidad que comenzará tímidamente con el destape inicial del capitalismo clásico, y su posterior secante de la revolución industrial (inglesa), hasta madurar y eclosionar en ese tinglado de ciudades que, por añadidura, nacerán al calor de las llamadas *revoluciones burguesas*[3], las cuales por lo general van a estar apareciendo y sucediéndose, primero en casi toda la Europa de los siglos XVIII-XIX, y desde allí replicándose, con sus naturales pliegues y contorsiones, en otros suelos continentales, tales como el nuestro latinoamericano.

A tal modelística de ciudad le apalabramos con la voz *moderno-centrada* porque, a distancia de otras, ha logrado favorecer y animar unas peculiares características y dimensiones de tipos geopolíticos, sociales, económicos, culturales, educacionales, jurídicas, laborales, culturales, comunicacionales, técnicas y tecnológicas, sexuales, de salud y alimentación, de recreación y de consumo, las cuales han podido apretadamente conjuntarse para jugar y establecerse bajo unos ciertos climas de regularidad y armonía, esto es, porque tales dimensiones urbanas han logrado explayarse sobre unos regímenes

---

los tiempos históricos que detallan al capitalismo en su perspectiva de vida urbana.

[3] Los procesos y tinglados que hacen a las revoluciones burguesas ha sido hasta la fecha bien informado en todo un conjunto de aportes intelectuales editados. En especial bien vale la pena visitar (otra vez) el clásico texto de Eric Hobsbawn. Las revoluciones burguesas, Madrid, 1972, Editorial Guadarrama.

comunes y con ello regimentar al mayor número de prácticas sociales, residentes y familiares, es por lo que (ella) ha llegado, en gran medida, a ser funcional, a vivirse cultural y paradigmáticamente a modo de vivo ejemplo de lo que es y debe ser una ciudad (moderna).

Por supuesto, también la ciudad moderna resulta en buena medida tributaria de otras viejas experiencias urbanas, en tal sentido no todo lo que ella estructura, visibiliza y echa a andar le es totalmente potestativo.

Las figuras arquitectónicas, ingenieriles, políticas y culturales del tipo iglesias, plazas, mercados, calles, acueductos, ubicación selectiva de espacios para la referencialidad política, los asuntos comerciales y/o residenciales, con los cuales podíamos reconocer a ciudades establecidas en tiempos y momentos más tempranos que los suyos (la llamadas ciudades antiguas), prosiguen en tal modelo urbano, con la diferencia que dichas figuras estarán ahora regidas y supeditadas a lo que vaya indicando el modo de vida burgués y su correlativo pensamiento urbano[4].

De cara a las experiencias registradas, encontramos que en el mayor número de casos, ella-s comenzará-n a armarse y desplegarse efectivamente a partir de un especial lugar físico que presenta la urbe, el cual fungirá, en adelante, en suerte de *ombligo citadino*, en destacadísima clave geocultural para todos sus habitantes.

En tanto la experiencia de ciudad histórica moderno-centrada está pensada y ordenada por unas determinadas voluntades de poder, las cuales realmente casi nunca se nos muestran espontáneas, es por lo que nos va resultando demasiado común escuchar en unos y otros lugares y conversas, parloteos del tipo: "Aquí va la ciudad", "Ese mercado debe comenzar allí y concluir allá", "La plaza debe estar ubicada en aquel lugar y llevar tales características".

Que las iglesias, las plazas mayores, los principales poderes públicos, el comercio abundante, estén originariamente localizados en lo que tradicional y habitualmente llamamos "el centro" de la ciudad, no nos puede resultar en la presente comprensión ninguna casualidad, pues tales ordenes y disposiciones se van a corresponder

---

[4]Por ejemplo, no tienen la misma significación cultural, social o política las calles, las plazas y los mercados públicos establecidos en las ciudades antiguas que aquellas valoraciones otorgadas y alcanzadas por los mismos en las ciudades contemporáneas. Tan antiguas figuras citadinas ciertamente hoy siguen existiendo, solo que ya no alcanzan a decir aquello que en otros tiempos llegaron a decir.

con unas mentalidades y modos modernos de pensar y obrar la producción de una clase de espacio urbano.

La organización espacial de la ciudad moderna resulta, a similitud y continuidad de las ciudades antiguas, originalmente cuadricular, en consecuencia los lugares y ambientes residenciales, fabriles, comerciales, de servicios, residenciales, que vamos luego a distinguir y vivenciar, se harán respectivamente a partir de lo que dicte la cuadrícula trazada desde su centro primigenio.

En nuestro caso histórico/cultural, al igual que en prácticamente toda América latina, tales ordenaciones y estructuraciones (urbanas) parecen haberse cumplido sustantivamente, con todo y a lo que a tal modelística pudiéramos haber agregado (o desagregado) como societalidades bien particulares[5], por ello nunca fuimos del todo extraños a la razón moderna y de la modernidad misma.

Nuestros prototipos de ciudades edificadas dejan apreciar en sus simultáneos y heterogéneos decursos, suficientes testimonios respecto a la calza y huella atinentes a la razón urbano- moderna y de la modernidad propiamente dicha[6].

El dato geográfico que hace a la ciudad moderno-centrada conviene que lo retengamos al momento de intentar inventariar o comprender las nuevas vicisitudes y reconfiguraciones, sobre manera del tipo físico, que viven las ciudades actuales, cuya tendencia gruesa es alejarse y crecer cada más retiradas de su añorado centro, o de

---

[5]A decir verdad, los modos de efectuación de la modernidad en América Latina nunca siguieron una exclusiva línea ni fueron un mero calco respecto a como tal experiencia se concretó en Europa. Intelectivamente tan densa y complicada situación histórica se encuentra hoy día bastante despejada en muchos lugares, entre otros, en los textos de Roberto Follari y Rigoberto Lanz. Enfoques sobre posmodernidad en América Latina. Caracas 1998: Editorial Sentido, Eduard Subirats, Eduard. La modernidad truncada en América Latina, 2001, Caracas, colección Cátedra de Estudios Avanzados, Cipost/ UCV y Edgar Balaguera América Latina. La modernidad difícil. Maracay, 2007, del Centro de Investigaciones Contemporáneas.

[6]Literaturas y filosofías producidas por pensadores "transmodernos" como Aníbal Quijano. "Colonialidad del poder, eurocentrismo y América Latina." Bs. As, 2000, En: Edgardo Lander (comp.). *La colonialidad del saber: eurocentrismo y ciencias sociales*, Buenos Aires, CLACSO; Enrique Dussel. *Hacia una filosofía política crítica*. Bilbao, 2001, editorial Desclée de Brouwer, nos lucen al respecto un tanto románticas, pues abundan allí todos unos visibles empeños por desconocer los modos y rutas *sui generis* como, en efecto, fue incubándose la variante de modernidad europea y de los USA en nuestras geoculturas.

reelaborar y resinificar la funcionalidad y el sentido de los llamados *cascos centrales* citadinos, tal es la situación que pareciera estar al fondo de los ingentes procesos de *gentrifugación urbana*[7] que, cada vez más, se adelantan en esta o aquella ciudad moderna.

Bien nos convendría recordar sucintamente algunos otros indicadores que históricamente han jugado fuertemente para sustanciar firmemente a la ciudad objeto de nuestro inmediato interés, elementos sin los cuales tal sentido y experiencia urbana resultaría francamente incomprensible.

Me refiero ya a componentes tan vitales como su temporalidad cardinal, su régimen contractual, su visibilidad, su rítmica funcional, sus protocolos de legitimación, en fin, todo aquello que conformaría su estatuto de verdad, su suelo epistemológico. Suerte de gran dibujo, experiencia y sentido el que ahora justamente se nos va mostrando aceleradamente en retirada, en tanto que tal prototipo de ciudad tiende a ser radicalmente reconfigurada en demasiados lugares de suyo.

---

[7]La *gentrifugación* o *gentrificación* ha de comprenderse como los procesos de desarticulación y transformación radical que en nuestros últimos días van conociendo aquel tipo espacios citadinos históricos, en especial aquellos segmentos residenciales (barrios) colocados con vista a la prevalencia de bondadosas condiciones climáticas, hidrográficas, paisajísticas y de ubicación estratégica.

1.2. Avatares de la ciudad moderno-centrada

Amén del dato geográfico que hace y caracteriza a la ciudad moderna originaria (aquello de favorecer su trama y rítmica desde el "ombligo" y la "cuadrícula"), las urbes de nuestro presente interés reflexivo, poseen y establecen igualmente todo un conjunto de comandos centrales[8], operados casi "invisiblemente", sin los cuales no es posible nunca entender su armado, despliegue o funcionalidad, tampoco facultar su comprensión, pues la asunción, el reconocimiento y la activación de dichos dispositivos de poder, será precisamente aquello que la vuelve ciudad distintiva, un tanto retirada, hasta contrapuesta, a otras clase de ciudadelas históricamente constituidas.

En este acápite decimos que la ciudad moderna es, en lo sustantivo, un espacio geocultural fuertemente centrado, en tanto su lógica de sentido y todo aquello que de allí se desprende, está totalmente atrincherado y sedimentado bajo unos esquemas y ordenes de vida que no son ni resultan cualquiera.

Esquemas y órdenes bajo los cuales se cumplirán las prácticas sociales que hacen a su peculiar régimen de producción, de trabajo, de transacciones financieras y comerciales, de educación, de funcionalidad política, en fin, *régimen de verdad*[9] que impactará a casi todo aquello inmerso dentro de lo que los *estudios culturales* y otras disciplinas e inteligibilidades han venido designando como modo o modos de vida urbanos[10].

---

[8] La figura de los *comandos centrales* también puede comprenderse como aquel conjunto de tradiciones y pensamientos que cultivan y diseminan ciertas élites dentro de la ciudad, a objeto de hacerla del modo y la forma como sus pensamientos y sensibilidades lo van indicando.

[9] Respecto al *régimen de verdad*, nos habría dicho Foucault. *Microfísica del poder*. Madrid, 1987, Ediciones La Piqueta, que "Cada sociedad tiene su régimen de verdad, su 'política general de la verdad', es decir, los tipos de discursos que ella acoge y hace funcionar como verdaderos; los mecanismos y las instancias que permiten distinguir los enunciados verdaderos o falsos, la manera de sancionar unos y otros; las técnicas y los procedimientos que son valorizados para la obtención de la verdad; el estatuto de aquellos encargados de decir qué es lo que funciona como verdadero". 25-26.

[10] La ciudad (las ciudades) también se pueden comprender como la localización en vivo de experiencias y sentidos que se anudan en prácticas sociales e imaginarios bien distintivos, en consecuencia más que un modo

En efecto, las formas y estilos contenidos en las actividades vinculantes al trabajo, la producción, el comercio, lo financiero, lo educativo, lo residencial, lo recreativo, lo político y hasta lo sexual, van a tener en común, casi que con muy pocas variaciones, todo un fondo prístino de efectuación, visibilidad, disciplinamiento y enunciación extremadamente unívoco.

Dimensiones y actividades que indudablemente remiten al privilegio y disposición de lugares, tiempos, protocolos, actorías, reglas de juego, lenguajes, vestimentas, marcos jurídicos y obligaciones, se vuelven bien precisas y determinadas, muy conformes al tono de saber que producen y circulan las epistemologías modernas.

Dentro de la modelística urbana que estamos considerando, encontramos un repertorio de vocablos y simbologías bien puntuales para referir la producción, en cuyo caso ella nos traslada de inmediato a pensar e imaginar actividades de transformación y acabado de materias primas en productos finalmente terminados.

Producción que ha de realizarse en espacios visibles, ordenados y por lo tanto formalmente legítimos y legitimados socialmente, en cuyo interior lo realizable se corresponde con unas ciertas ordenaciones y disposiciones, protegido por unas expresas instrucciones o marcos de organización burocrática, jurídica, lingüística, moral, ética, de vestimenta, punteado por unos horarios demasiado fijos y con total apego a lo que para tales casos ordenen y establezcan las administraciones e instituciones del tipo político donde tales prácticas y organizaciones se asientan.

La producción de este o aquel bien sabemos y reconocemos que se efectúa en establecimientos similares a los que le vamos nombrando y representando en fábricas, situadas en ciertos lugares industriales, las cuales así mismo están configuradas a la presencia de unos prototipos arquitectónicos, de cara a la evidencia física fija a donde llanamente, y sin mucho chance de extravío, acuden las voluntades que acuden.

Por supuesto, en nuestras ciudades, poco atentas al precepto unitario y sí muy anárquicas y desobedientes para seguir, casi al cal-

---

de vida lo que realmente estarían agitándose en las urbes serían diversos modos de vida. Al respecto podemos seguir aquí lo señalado por el profesor Alejandro Moreno. El aro y la trama. Episteme, modernidad y pueblo, Caracas, 1993, Centro de Investigaciones populares (CIP): "cuando, hablo aquí del modo de vida, entiendo por él una realidad histórica total que pertenece a un grupo social determinado, o una sociedad entera, en cuanto es vivida en la praxis del grupo y de sus miembros en todo lo que los identifica con el mismo grupo". Pág. 57.

co, el patrón de ordenamiento urbano convencional, aquello de que lo fabril se establece y localiza exclusivamente por allá, en tanto que lo educacional más acá, lo comercial al centro y lo residencial en los laterales, no trastocan para nada el cumplimiento exitoso de la lógica de sentido unitaria, extensiva y centrada que le estamos observando al formato de ciudad moderna que intentamos mostrar en este exordio.

Bien sea que la fábrica, el liceo, la universidad, el hospital, la tienda comercial, el centro bancario, la gobernación, la alcaldía, la peluquería, la estación de policía, el estadio, el botiquín o el burdel se encuentren, las más de las veces, todos desparramados y confundidos en unos y otros espacios, casi yuxtapuestos, sus actividades y destinos no dejan por ello de cumplirse con claro arreglo a los contenidos y exigencias que informan y demandan el dicto y el dictado de la lógica de sentido hegemónico y dominante establecida en los centros, en los lados, en los fondos y en los costados de la ciudad moderna verdaderamente constituida.

Quizás en la observancia tranquila y la comprensión generosa respecto al armado y despliegue de la *ciudad moderno-centrada*, es por lo que decimos que no nos puede resultar un mero accidente, simple casualidad o puro desiderátum de los bellos y terribles dioses, el hecho conforme al cual el común de los *agenciamientos*[11] socialmente allí instituidos: las fábricas, los comercios, las sistemas financieros y la banca en especial, la educación, la recreación, la política, la diversión, los regímenes de políticas dispensados, estén localizados donde ciertamente les encontramos, y donde se nos exige que estén.

Esta misma regularidad de sentido y función es aquella que también apreciamos en casi toda la institucionalidad pública y privada tenida socialmente por válida y legítima, pues, con muy pocas variaciones, en las mismas se observa el continuum que uniformiza los tiempos horarios laborales permitidos, las condiciones de trabajo, las remuneraciones, las vestimentas, los vocabularios, las sanciones, los protocolos, hasta las tributaciones a cancelar al Estado. Lógica

---

[11] La expresión *agenciamiento* la emplean Felix Guatari y Claire Parnet. *Diálogos*, París, 1980, Editorial Pretextos, como sinónimo o extensión de la *desterritorialización*, estos es: "una multiplicidad que comporta muchos géneros heterogéneos y que establece uniones, relaciones entre ellos, a través de edades, de sexos y de reinos de diferentes naturalezas. Lo importante no son las filiaciones sino las alianzas y las aleaciones; ni tampoco las herencias o las descendencias sino los contagios, las epidemias, el viento. Diálogo 5.

de una fuerte seriación sociocultural que para nada ha de parecernos casual.

En lo sustantivo, la ciudad moderno-centrada, a similitud de toda la experiencia de modernidad instalada en demasiados lugares del orbe, se ha venido realizando en el tiempo preferentemente diurno, en virtud de lo deficitario y sumamente costoso que le han podido resultar las capacidades energéticas exigidas para hacer de la noche un espacio de vida contiguo, en atención a lo dispuesto por toda una tradición milenaria, muy presta en eso de repartir acompasadamente los tiempos diarios de la vida.

No ha sido nada casual que en tanto tiempo transcurrido lleguemos a otear al trabajo y al grueso de actividades, oficios y desempeños prosperados durante tal experiencial, cumpliéndose en horarios unitarios, los cuales inician más o menos allí cuando aparece el sol y la claridad diurna, para suspenderse cuando ya la lumínica tarde va declinando.

La noche y con ella la emergencia de *la ciudad nocturna*[12], son novedades que pese a su potencia y atractores aún no superan la fuerza, el espesor y la vitalidad de lo contenido en la ciudad diurna, al memos en las geoculturas latinoamericanas.

Repitamos, porque tales dimensiones y componentes económicos, productivos, laborales, financieros, comerciales, educacionales, culturales, políticos y demás están ordenados y regidos por una invariante disposición de sentido unitario, por un hacer lo que hacen sujeto y sujetado a lo que indican e informan los contenidos y señales emanadas de los "comandos centrales", es justamente lo que nos permite ser un tanto taxativos en afirmar aquello de que las ciudades modernas son espacios, culturas y dinámicas profusamente centradas y apolíneas[13].

En cualquier caso, contentémonos por ahora con reconocer que si bien es cierto que ya la ciudad (las ciudades) de nuestros días se ordenan e instituyen espacialmente de un modo bastante distinto, cada vez más radical, al modo convencional, también lo es el hecho de saber que los descentramientos geográficos y sociológicos (los ruidos) que a cada instante viven experimentándose en nuestras queridas y estropeadas urbes, no rompen ni mucho menos colapsan

---

[12]Sobre a la variedad de asuntos que hacen, problematizan y tensionan a *La ciudad nocturna* y dionisiaca, existe ya en mi laboratorio, en pleno desarrollo, un ligero texto que aspiramos tenga inmediata circulación pública.

[13]La condición *apolínea* de la ciudad en consideración está marcada por la preferencia que ella hace del tiempo diurno.

la lógica de verdad que le asiste y afirma a la ciudad histórica, de manera que nos es precisamente por la ruta geográfica ni sociológica convencional (aquellas en la que tanto se afanan la escuela y sus docentes en enseñarnos) donde mejor podríamos detenernos para apreciar los procesos y prácticas de posmodernización[14], de desintegración o reconfiguración fuertemente radical que ahora va conociendo la ciudad moderna que estamos procurando mostrar en este gratuito espéculo.

Por ahora digamos, con tono de mucha brevedad, que ciertamente la ciudad nuestra de cada día parece que a cada instante la inventamos y transgredimos con mucha fuerza, sin embargo hasta ahora ella muere y renace sin más ley que la de la historia de la ciudad. Quizás, la mayúscula y efectiva potencia de su mutación severa y radical esté fundándose en otros lugares y *no lugares*[15], en parte, en esas nuevas prácticas de sentido que casi invisiblemente van conjuntándose a cada instante en los tantos centros, pliegues y costados que ella porta, fagocitada por los descentrados y descentradas.

---

[14]Tales prácticas y procesos aluden a querer señalar tanto las formas como los modos que en nuestros últimos días las personas y sus tantos equipamientos de cobijo (las instituciones que les albergan) van confrontando y resolviendo, sino todo, al menos parte importante de las cosas y agendas que hacen a sus polifacéticos oficios y desempeños, lo cual incluye a sus actos de la lúdica y recreación.

[15]El asunto, por lo demás bien interesante, de la producción y explosión de *los no lugares* dentro de nuestras experiencias citadinas, está excelentemente informado en el texto de Marc Augé. *Los no lugares*. Espacios del anonimato Barcelona, 2000, Editorial Gedisa.

1.3. Los nuevos y radicales descentramientos citadinos

Difícilmente los mortales humanos habríamos echado a andar urbes extrañas y resistentes a la más mínima recepción de cualquier tipo de novedades, pues aún en las sociedades (y ciudades) más totalitarias que la condición humana haya podido recrear, estas nunca han logrado impedir o anular completamente el estallido de experiencias, prácticas y sentidos de margen o subalternos[16].

No se trata aquí de pensar al poder y a sus tantos comisarios provistos con alguna cualidad de piedad expresa para con todos o cada una de las personas situadas a su frente, más bien sí de saber (e imaginar) que por mucha aspiración y pretensión que hayan tenido y tengan las voluntades y los deseos del déspota (y los déspotas) por saber, controlar y ordenar el mundo de la vida pública a su entero favor, ayer como hoy estos deseos de poder se han visto y continuarán viéndose bien limitados.

Es buena noticia saber que los déspotas, pese a sí, nunca podrán alcanzar o rendir completamente con sus economías, enunciaciones, órdenes, vigilias, funcionarios, leyes y tecnologías a esas extensas y polifacéticas muchedumbres colocadas antes sus ojos, adscritas circunstancialmente a sus territorialidades y espacios de dominio.

Aquel viejo cuento del rey traumado con la cartografía (decepcionado de los geógrafos), en virtud que no llegaba a ver en los mapas mandados a hacer, la cantidad completa de territorios y pueblos conquistados, con vista a divisar, sin ninguna dificultad, el extenso número de detalles presentes en cada territorio conquistado, con lo cual esperaba calmar sus angustias de poder, de tener mucha sonrisa y tranquilidad, nos luce aquí literatura o historia bien oportuna para pensar en los límites y las limitaciones que expone el poder mismo, pues ningún cartógrafo pudo plasmar realmente en papel aquellas arrogantes solicitudes imperiales.

Por lo demás, cara a nuestra época, el querido profesor Foucault[17] nos habría dejado entre su prolija y valiosa herencia intelec-

---

[16]Como ejemplo vistoso e histórico de ello, recordemos que en la antigua Roma imperial pagana, las prácticas de fe cristiana llegaron a realizarse hasta en las catacumbas, dado el carácter de prohibición que allí tenía el cristianismo, otro tanto similar ocurre en dentro de las ciudades contemporáneas con casos como los grafitis y los grafiteros.

[17]Michel, Foucault. *Microfísica del poder*. Madrid, 1987.Ediciones La Piqueta.Piqueta.

tual aquel texto que en una parte de suyo dice: "...allí donde hay poder hay resistencia".Pág. 36.

Las ciudades, unas y otras, las de ayer o las de hoy, más o menos llevan portan consigo esa lógica de la dispersión o de fugas comentadas, pues ciertamente sus residentes cumplen con alguna regularidad parte de aquellas órdenes, mandatos, prácticas y sentidos dispensados, distribuidos y circulados por quienes indistintamente se han venido asumiendo en dueños, rectores, celadores o administradores de las mismas, pero también estamos ya algo informados respecto al hecho de saber (y hasta presenciar) cómo en las urbes se van acumulando e instituyendo, aún cuando sea en sus precarios márgenes, a ritmos y velocidades muy distintos a, todo un conjunto de actos, desempeños y prácticas sociales muy contrarias a los actos, los desempeños y las prácticas sociales dominantes.

El asunto en cuestión, repito, no está en nuestro caso en dejar de reconocer y valorar con extrema positividad y admiración la presencia (aún) dentro del tipo de ciudades más recias y asfixiantes que se han podido conocer dentro de la modalidad de ciudades que ahora tenemos, aquello que pudiéramos llamar culturalmente lo distinto y lo diferente[18], sin embargo no ha de seguirse que mediante tales localizaciones y reconocimientos estemos queriendo tributar al extenso mundo de la pluralidad cualquier valor alternativo o revolucionario en sí mismo o, desde ello, pretender asentar un fundamento intelectual cualquiera, de asignarles física y esperanza de cambio transformador alguno, cara a los tantos límites y obstáculos que para una ciudadanía grata y placentera, menos sufrible y sí más vivible, presentan las urbes realmente existentes. Nada de ello.

De rápida pasada sobre lo anterior, digamos que en muchos momentos y desde variados ángulos hemos sido testigos, cuando no solidarios, de y con los inmensos dolores, sufrimientos y desgarraduras que en tales lógicas unitarias urbanas, han debido y tienen que padecer aquellas pieles y subjetividades que por variadas razones procuran y deciden marchar en su vida cotidiana a cierta distancia de la cultura socialmente establecida, no obstante, hemos de saber también que las meras cualidades de la diferencia no son

---

[18] Aquí aludimos a las diferencias que en la ciudad se promocionan y estallan por tantos lados consuetudinariamente, reconocidas y portadas en las personas y grupos sociales existentes y/o en franca constitución, visibilizadas en la observancia a los más diversos modos y mecanismos, signos y sentidos, tácticas y estrategias que construyen y emplean unos y otros para hacer aquello que hacen.

condiciones ni ingredientes suficientes en sí mismos para generar acontecimientos societarios radicales, francamente emergentes.

Aquello que estamos interesados en valorar muy particularmente en este acápite son más bien ese conjunto de sentidos y prácticas sociales urbanas que teniendo geografía cultural y micropolítica dentro del heterogéneo mundo de las diferencias antes mencionadas, destacan por activar todas unas plurales entonaciones, cadencias y modulaciones *sui generis*, las cuales se nos van mostrando silente y aceleradamente socavantes del concepto y experiencia de ciudad hasta ahora favorecida.

Suerte de "nuevos actores" capitaneados por un (cada vez más) indisciplinado y extenso "ejército" de voluntades y sensibilidades indistintas, las cuales por todo aquello que cargan para arriba y para abajo, por lo que colocan reiteradamente en juego, igual los estamos pensando bajo el nombre de *los últimos revolucionarios*[19], a segura molestia y desdén de quienes hasta ahora se han apropiado del copyright de las teorías y del pensamiento social.

---

[19]Tomando un préstamo del "texto de la revolución", encontramos que tal palabra designa y alude inmediatamente, en cual sea su versión idiomática, a la puesta en práctica de actos de socavamiento y/o transformación de aquello constituido, sea una sociedad, una cultura hasta unos determinados objetos, procesos y procedimientos, en consecuencia veo mucha pertinencia aquí el uso de dicho término, con vista a mucho de eso que cotidianamente hacen y amenazan seguir haciendo los descentrados. Ellos, con sus oficios y desempeños, con sus estéticas y sentidos ordinarios, van justamente ocasionando sendas modificaciones a la experiencia de ciudad hasta ahora fundamentada, muy independientemente que tal cosa sea o no de nuestro gusto y agrado.

Referencias

[1] Augé. Marc. (2000). *Los no lugares. Espacios del anonimato.* Editorial Gedisa. Barcelona/España.

[2] Deleuze, Gilles y Parnet,Claire (1977). *Diálogos.* Editorial Pretextos. París.

[3] Dussel, Enrique (2001). *Hacia una filosofía política crítica.* Bilbao, Desclée de Brouwer, 2001.

[4] Follari Roberto y Lanz Rigoberto (1998). *Enfoques sobre posmodernidad en América Latina.* Editorial Sentido. Caracas.

[5] Foucault, Michel (1987). *Microfísica del poder.* Ediciones La Piqueta. Madrid.

[6] González Q. José L. (2003). *De la ciudad histórica a la ciudad digital.* Ediciones Ciudades diversas, lengua de trapo. Madrid.

[7] Hobsbawn, Eric. (1972). *Las revoluciones burguesas.* Editorial Guadarrama. Madrid.

[8] Moreno, Alejandro (1993). *El aro y la trama.* Episteme, modernidad y pueblo. Caracas.

[9] Munford, Lewis (1966). *La ciudad en la historia. Sus orígenes, transformaciones y perspectivas.* Editorial Infinito. Bs. As. Argentina.

[10] Quijano, Aníbal (2000). "Colonialidad del poder, eurocentrismo y América Latina". [En:] Edgardo Lander (comp.), *La colonialidad del saber: eurocentrismo y ciencias sociales*, CLACSO. Bs.As.

Parte II

2 La emergencia de los últimos revolucionarios

2.1. Los últimos revolucionarios

> También el temple y la catadura de los revolucionarios se transforma con el inexorable cause del tiempo, muy a pesar que estos no logren percibirlo al momento.
>
> Aníbal, el bueno

En líneas anteriores señalábamos que la ciudad moderna muestra una abierta condición centrada, la cual se caracteriza, entre otras cosas, por pre-establecer y, desde allí, legitimar el tipo de sentidos y prácticas, conductas y comportamientos que deben orientar y cumplir sus ciudadanos residentes, en consecuencia todo aquello que pretenda situarse y desarrollarse fuera de tales dictos y marcos luce para ella totalmente agresivo e impertinente, sumamente descentrado.

Las políticas de cuido y protección adelantadas en las urbes contra la posible proliferación de actos y actividades contrarias a su esquema de vida reinante, aquello llamado *gubernamentalidad* en Foucault[1] (1977), han sido en su trayecto histórico de muchos tipos.

El levantamiento de muros y murallas, las prohibiciones, sanciones y castigos contra lo que afecte a su régimen moral, su estabilidad política, sus actividades económicas, comerciales, financieras, educacionales, sexuales, religiosas, han ido desde los llamados de atención, la horca, la hoguera, el suplicio, el cepo, los azotes públicos, la suspensión, el reclusorio familiar y carcelario, el arrepentimiento, la tortura, las desapariciones, la conversión, las multas, la incautación de bienes, el desprecio público, hasta el arresto y des-

---

[1] Michel Foucault. *La Gubermentalidad*, Madrid, 1977. Ed. La Piqueta.

tierro de las personas acusadas e incursas en falta y delitos ciudadanos, en tal sentido toda urbe, toda sociedad, tiene su micropolítica de higiene social, desarrolla una peculiar *biopolítica*[2].

Tantas prohibiciones y castigos han otorgado en determinados momentos sus efectivos réditos a favor de la prevalencia de un orden preciso y el funcionamiento bastante estable del poder en la ciudad.

También observamos que allí donde las ciudades son administradas con menores atenciones, cuidos, sanciones y castigos efectivos, donde se han relajado suficiente sus vigilancias, han llegado a cultivarse un considerable número de voluntades humanas *anómicas*, buscando darle valor a lo que resulta la ley cultural de sus vidas, muy enfrentada a la ley cultural que impera en la ciudad instituida.

La debilidad político-cultural de la ciudad dominante ha permitido que tales grupos personas se atrevan, individual o colectivamente, empujar a contracorriente el accionar de aquello que creen vital, necesario y conveniente para el continuum de sus pervivencias, a mucho riesgo de lo que ello implica.

En nuestras últimas ciudades (centradas) el estallido y extensión de sentidos y prácticas emergentes, totalmente desafiantes al orden moral, económico, político, comercial, educativo, sexual, de salud e higiene imperantes, van siendo cada vez más ejercicios que se nos revelan y envuelven consuetudinariamente.

Hemos de reconocer que algunas de las modalidades sociales insurgentes le llegan a las ciudades presentes desde tiempos bien lejanos, en tanto que también la misma dinámica y desatención gubernamental que expone la ciudad viva, alimentan el nacimiento de oficios y prácticas culturales con signo novedoso.

La presencia de personas y familias, casi que por entero, dedicadas cada vez más al despliegue de actividades vinculantes directa o indirectamente a la producción, comercialización, distribución, ventas y exhibición de determinados bienes y servicios de cualquier índole, muy contrarias al tipo de actividades permitidas para realizarse y circular debidamente dentro de los predios urbanos, constituyen hechos suficientemente notorios de ocurrencia actual, con demasia-

---

[2]La expresión *biopolítica se encuentra bien desarrollada por* el profesor Foucault. Defender la sociedad. Bs. As, 2000. Fondo de Cultura Económica, la cual: "...tiene que ver con la población y esta como problema político... abordará en suma los acontecimientos aleatorios que se producen en una población tomada en su duración". 220.

da vista a Apolo y Dionisos, de cara al pleno día y a la encantadora noche.

En el afable prólogo que el polémico y meritorio escritor peruano Vargas Llosa hiciera en su oportunidad al magistral texto de Hernando Soto se deja observar una cierta genealogía respecto a la entrada en escena de *los descentrados*, pensados allí en dilectos actores de la economía informal, en razón a situaciones societarias dominantes bien precisas. El precitado Nobel literato nos dice:

> Cuando los pobres que bajaban a las ciudades, expulsados de sus tierras por la sequía, las inundaciones, la sobrepoblación y la declinación de la agricultura, encontraron que el sistema legal imperante les cerraba el ingreso legal a él. Hicieron lo único que les quedaba a fin de sobrevivir: inventarse y ponerse a trabajar al margen de la ley. Carecían de capital y de formación técnica; no podían aspirar a obtener créditos ni a operar bajo la protección de un seguro, ni de la policía ni de los jueces, y sabían que su negocio estaría siempre amenazado por toda clase de riesgos. solo contaban con su voluntad de sobrevivir, mejor, con su imaginación y sus brazos[3].

---

[3] Hernando Soto. El otro Sendero, Lima/Perú, 1987, Editorial Barranco. 23.

2.2.   ¿Quiénes son los descentrados?

La última sociología[4] que conocimos informaba de la existencia en determinadas ciudades, sobre manera en aquellas muy congestionadas poblacionalmente, ubicadas mayoritariamente al sur geocultural del planeta, de un amenazante *lumpenproletariado*[5], conformado por un conjunto de personas de extracción social sumamente pobres, sin ningún tipo de habilidades y competencias morales, políticas, con estudios y formación convencionales muy elementales, lo cual los excluía por completo del aparato productivo y de la sociedad "normal".

Personas y familias casi completas, las cuales en virtud de desarrollar unos modos de vida tan distantes a los convenidos y reglados por la sociedad dominante, aquello de convivir bajo unas determinadas reglas y señales de ciudadanía muy puntuales, les colocaba bajo una condición de vida peligrosa, pues al ser sujetos *anómicos*[6] encontraban que ya la sociedad (y la ciudad) reinante no podían hacerse cargo de ellos, en consecuencia estos debían y tenían que arreglárselas por sí mismos para continuar perviviendo.

---

[4]Me refiero aquí a aquella variante de saber social estructurado, circulado y consumido como "sociología crítica", la cual, en la pesquisa que hace Raymond Boudon. "La sociología que realmente importa". Barcelona, 2004, En: *Papers. Revista de Sociología*. Universidad Autónoma de Barcelona: "... identifica los defectos de la sociedad y propone remedios para los mismos". Tal vez esta sociología haya encontrado su mejor vitrina pública en la tradición fuertemente reflexiva que impuso la llamada *Escuela de Frankfurt*". 36.

[5]La expresión *lunpenproletariado* la encontramos tempranamente en Carlos Marx. Manifiesto comunista. Barcelona, 1998, Editorial Crítica. (1998) al cual lo distingue como: "...ese producto pasivo de la putrefacción de las capas más bajas de la de la vieja sociedad...en virtud de sus condiciones de vida está más bien dispuesto a venderse a la reacción para servir a sus maniobras". 11.

[6]Fue Emile Durkheim. *La división social del trabajo*, México, 1998, Editorial Colofón. quien precisamente acuñó y puso en circulación toda una temprana y potente biblioteca sociológica, en la cual destacó, entre otros, el concepto de *anomia*, para referir con ello a personas (individuos) carentes o muy distanciadas socialmente de los más mínimos referentes normativos de la sociedad en que viven, lo cual les torna sujetos de peligro y atención por cuanto con sus actuaciones amorales y anormales (anómicas) traban el sentido de la acción social deseada y, en especial, de la correspondiente y necesaria *división social del trabajo*.

Tal segmento poblacional se fue localizando en los basureros, en las terminales, en el pedido de limosnas, en el robo, en el aguardiente callejero, el atraco, estacionándose inmediatamente en las praderas del famoso rebusque y de la así llamada "economía informal".

Las restricciones, congelamientos o poco desarrollos enseñados visiblemente por los aparatos productivos de ciertos países, sociedades y economías, en virtud de las pocas capacidades de maniobra tenidas por sus respectivos Estados para absorber, paliar y contra atacar los niveles de desempleo que día a día pululaban, empujaron, en buena medida, a las personas y poblaciones humanas incursas en tan precaria situación a buscar e ir encontrando en las prácticas comerciales del *menudeo*, de la hechura manual y casera de lo que fuera, en la obtención de aquellos sobrantes dispuestos en los mercados libres mayoristas, cuando no, mediante la compra de los mismos en tales lugares para luego re-venderlos a sus congéneres, a precios un tanto superiores a los conseguidos.

El fondo de tan contingentes prácticas sociales ha podido fundarse en la urgente necesidad de sobrevivencia que portan estas personas, cara a los déficit de empleos regulares y las fuertes demandas de casi todo que existe en sus hogares, por lo cual las acciones del *rebusque*[7] dentro de la ciudad a bien de encontrar, vender o re-vender cualquier bien a la vista, tornan allí acciones más que justificadas.

La palabra *rebusque* ha tenido y sigue teniendo en nuestras culturas, cuando menos, dos acepciones: Una, la que desde lejanos tiempos viene siendo ensayada por personas, familias y grupos de población excluidos del aparato productivo formal, de los campos del empleo público y olvidados por aquel tipo de Estado que no ha visto en los *parias*, en la pobreza extrema) y los excluidos en general, amén del voto, mayores razones de atención, inversión, solidaridad o justicia social para con los mismos.

Cascarón de sociedad y Estado cuya mayor expresión de insolidaridad para con los "pata en el suelo" quedaría totalmente reflejada en la versión neoliberal que tuvimos, al menos en Venezuela, durante las décadas de los 80 y 90 del recién culminado siglo XX,

---

[7]La figura del *rebusque* está sembrada originariamente en la jerga lingüística barrial popular, alude a procurar buscar "algo de dinero" o bienes que posibiliten el desarrollo mínimo de la vida en el hogar, o en la de quienes andan regados por la vida como "agentes libres".

cuya fulminante expresión lo constituyó el famoso *caracazo*[8] y las inestabilidades políticas que en adelante fueron sucediéndose nacionalmente.

No se trata en este último caso que sus benefactores estén volviendo a buscar en lo ya buscado un algo que sospechan puedan encontrar, so pena de saber que en un primer momento no hurgaron del todo bien, sí a cambio voz que refiere la situación sin empleo fijo, sin entradas de dinero regulares a los bolsillos, y por ende a las casas y familias donde está adscrito aquel que desesperadamente busca algo de ello.

Búsqueda que no tiene fundamento, por ello es contingente, pues el buscador con sus actos de hacer aquello que pueda hacer y conseguir, aspira a lo sumo enfrentar y paliar una situación material y económica que se le presenta momentánea escasa y lánguida, respecto a la cual tiene esperanzas de salir en cualquier oportunidad.

El rebusque encuentra sus "aires de familia"[9] (Wittgenstein, 1988) en expresiones homólogas del tipo "el resuelve", "echar unos tiritos", "buscar la arepa", "conseguí un llegue" "hice una maraña" "hacer una vuelta" y otros tantos giros dialectales que el imaginario y la picaresca lingüística popular venezolano/latinoamericana gustan recrear con alguna frecuencia.

La otra acepción que obtiene en nuestras culturas la palabra *rebusque* es aquella que podemos traducirla en *complemento del salario* o de las entradas económicas, más o menos regulares y estables que esta o aquella persona o familia posee.

En esta última acepción, el rebusque aparece como actividad o trabajo alterno (al que se tiene) que intentan efectuar ciertas perso-

---

[8] Sobre el conjunto de aspectos que motivaron el famoso *Caracazo* venezolano, con muy malos recuerdos para la clase política dominante de la época y mucho dolor para el pueblo, la profesora López Maya. *Del viernes negro al referendo revocatorio*, Caracas, 2005, Alfadil ediciones, y el profesor Oscar Bataglini. *La Democracia en Venezuela. Una historia de potencialidades no realizadas*, Caracas, 2001, Ediciones FACES. UCV, sacaron a la luz en su momento dos meritorios textos, los cuales van formando parte ya de la biblioteca venezolana contemporánea. De modo similar, en el campo visual, la película de Román Chalbaud. "El Caracazo", Caracas, 2005, Ministerio de la Cultura, junto al largometraje de José Azpúrua (1998) junto a "Amaneció de golpe". Caracas, 1998, Filmaffinity/Conac, han sido productos bien contributivos para el reconocimiento y comprensión de tan desgarrador evento.

[9] Ludwig Wittgenstein, *Investigaciones filosóficas*. Barcelona, 1988, Traducido por A. García Suárez y U. Moulines. Editorial Crítica

nas a objeto de, por ejemplo, terminar de pagar, adquirir o agrandar ciertos patrimonios materiales, de completar el pago de una determinada inicial de algo, cancelar una o varias cuotas de algún bien, inmueble o servicio que se desea tener o mantener.

En tiempos actuales, cuando las lógicas económicas y productivas se vuelven bien problemáticas, cuando las políticas anti inflacionarias aparecen muy tímidas y el salario casi agua, frente a una sociedad que torna muy prolija y fecunda en su mercado de bienes, servicios y parafernalias importadas, excitada y excitando a unos vastos y desaforados ejércitos de consumidores, el referido *rebusque* encuentra una perfecta ocasión para mostrarse de ocasión maravillosa.

Por supuesto, el rebusque en la segunda acepción que estamos subrayando tiende a volverse micropolítica cada vez con más y más adeptos, una vez que las variadas moralinas que con paciencia nos señalará Nietzsche[10], forzadas en parte por los aspectos antes señalados, van cayendo de esas arquitecturas corporales humanas, mostradas públicamente en otros momentos muy circunspectas y penosas.

El *rebusque* originariamente localizado en los pobres, parias y más pobres de los pobres, con geografías barriales, con actores que apenas si habían recibido en su ruta de educación formal algunos grados de instrucción primaria, esto es, práctica social sin nada de abolengo ni mucho menos aromas del caro París, ha devenido ya en nuestros últimos días en asunto, agenda y actividad demasiado generalizada social y poblacionalmente, tanto que resulta casi que imposible no encontrar en cada familia de las venezolanas y latinoamericanas algún miembro (o hasta familias competas) que no esté inmerso en estos robustos menesteres.

Al menos en Venezuela, las prácticas del *rebusque* abdicaron hace rato de los espacios y las mentalidades de los pobres, de los pobres extremos, para ir a estacionarse en las praderas de los una vez llamados "pequeños burgueses" y de las angustiadas "clases medias" y ricas.

Bien sea por los tormentos que viven nuestros pírricos salarios de profesionales, ejecutivos o gerentes, bien porque nuestras estropeadas sensibilidades y gustos no aguantan una para decirle no (aunque sea circunstancialmente) al carro nuevo, al celular nuevo, a los trapos nuevos, a los zapatos nuevos y cuanto nuevo aparezca sú-

---

[10]Friedrich Nietzsche: "Sobre el lector del cual yo tengo derecho a esperar algo". En: *El Origen de la Tragedia*. Bs. As. 1953 Editorial Aguilar.

bitamente en Londres o Paris, en Roma o en Madrid, generalmente vía cultura mediática, lo cierto es que los descentrados -por la vía del *rebusque*- son cada vez más y más.

Hoy día la cultura descentrada, *novo revolucionaria*, también va encontrando mucho espacio y eco en unos estropeados cuerpos de profesionales universitarios, los cuales si bien siguen cumpliendo aquello que siempre han venido religiosamente haciendo, ahora, apenas el clima laboral donde están adscritos les da chance para producir fugas de tiempo, rápidamente las aprovechan (o las inventan) para transmutar, cual elemental cocodrilo, en el armado y ejercitación de desempeños anómicos.

Por tal modo nos va resultando frecuente el observar y saber de colegas haciendo contingentemente de taxistas, vendiendo ollas y melones; sociólogos ofertando plátanos (del tipo 5 X 500 Bs) y comidas caseras; economistas que negocian hamburguesas con perros calientes; médicos que van promocionando tomates junto a lechugas; administradores y contadores efectuando la promoción y venta de bisuterías o paquetes de viajes marítimos, todo en paralelo al trabajo habitual que formalmente realizan.

En lo que sigue, pasamos a intentar mostrar gráficamente una pequeña muestra de las prácticas de descentramiento (y de descentrados) que hemos venido conociendo en nuestro último presente, producto de nuestras incursiones etnoepistemológicas por las ciudades que vamos divisando cotidianamente, las cuales pueden perfectamente complementarse con esas otras que seguramente nuestro gentil amigo lector querrá recordar y anotar posteriormente, a saber:

Cuadro 2.1. Ejercicios del descentramiento urbano

Identificación	Localización	Desempeños
Carpeteros	Unidades de transporte público	Solicitud de dinero a los pasajeros mediante el ejercicio parlante y la postración del cuerpo enfermo, con apoyo de carpetas y documentos
Carrucheros	Terminales y zonas adyacentes. Calles y avenidas con establecimientos comerciales	Prestan servicios de trasporte de mercancías a los buhoneros y cualquier clase de otros clientes
Cartoneros	Zonas de tiendas comerciales (preferentemente calles y avenidas)	Recogen y trasladan a sitios de resguardo las cajas y cartones conseguidos para su posterior comercialización
Buhoneros	Espacios públicos que aseguren la concurrencia y movilización de números considerables de personas (preferiblemente de a pie)	Exhibición y venta de mercaderías variadas
Lateros	Ámbitos comerciales, residenciales, recreativos, festivos y de transitabilidad humana, preferiblemente espacios públicos abiertos (calles, plazas, avenidas, ferias, terminales)	Recolección de envases metálicos, del tipo latas (de refrescos, cervezas y otros) para su posterior venta.
Cirqueros	Preferentemente en determinados lugares de semáforos, cara a los conductores de vehículos.	Realización de ejercicios de malabarismo ligero, con apoyaturas de ciertas técnicas y tecnologías, a cambio de lo cual solicitan dinero

Cuadro 2.2. Ejercicios del descentramiento urbano (Continuación)

Farmaceutas de intemperie	Cualquier espacio público que permita la concentración y desplazamiento de personas a pie	Exhibición, demostración y venta de una variedad de medicamentos con presuntos fines curativos, especialmente caseros
Libreros de intemperie	Cualquier espacio público que permita la concentración y desplazamiento de personas a pie	Exhibición y venta de libros variados, generalmente usados
Pregoneros de prensa	Calles y avenidas preferentement	Venta de periódicos diversos
Loteros	Calles, avenidas, frentes y alrededores de espacios comerciales abiertos y cerrados	Venta de kino-loterías
Agentes espirituales	Locales privados y casas particulares	Lectura de cartas, fumada del tabaco, lecturas de orina, lectura de manos, tratamientos espirituales
Los mini abastos móviles	Zonas residenciales populares, calles y avenidas	Venta en camiones de diferentes variedades de hortalizas, legumbres, frutales, granos, enlatados, quesos, jabones, aceites, gas
Hogares de helados	Residencias populares	Venta de helados comerciales y caseros
Restaurantes de a pie	Calles, plazas avenidas, instituciones universitarias públicas, hospitales, terminales	Venta de comidas y alimentos preparados castamente (almuerzos, cachapas, gelatinas, tortas)

Cuadro 2.3. Ejercicios del descentramiento urbano (Continuación)

Restaurantes móviles rodantes	Calles, plazas, avenidas, instituciones universitarias públicas, hospitales, terminales	Entra en carros o camionetas de comidas y alimentos rápidos: perros calientes, hamburguesas, pepitos, tostadas, chawarmas
Auto periquitos humanos	Vías públicas para el desplazamiento de autos. Semáforos, lugares de congestión humana (colas)	Utilización del cuerpo humano como espacio para colgar y vender partes decorativas de automóviles: forros para volantes, calcomanías, desorantes ambientales, llaveros
Quincallas humanas de a pie	Vías públicas para la concentración y el desplazamiento de personas y autos: calles, avenidas, plazas, semáforos, lugares de congestión y colas de vehículos	Venta móvil de mercaderías ligeras para múltiples usos: artículos para el hogar, juguetería, chucherías, costura, cocina, libros, revistas, extensiones eléctricas, CD, papel toilette
Toldoteléfonos	Vías públicas para la concentración y el desplazamiento de personas	Alquiler de teléfonos para llamadas privadas
Camioneros itinerantes de frutas	Vías públicas para la concentración y el desplazamiento de personas y autos	Venta en camiones de frutas diversas: patilla, melón, piñas, naranjas
Camioneros de verduras	Vías públicas para la concentración y el desplazamiento de personas y autos	Venta en camiones de plátanos preferentemente maduros
Fruteros de a pie	Vías públicas para la concentración y el desplazamiento de personas y autos	Venta por kilos aproximados de frutas estacionarias: melón, piña, carbures, lechosas, patilla, naranjas
Taxi piratas	Espacios de concentración y movilización de peatones	Hacer carreras libres en sus automóviles a toda persona que lo solicite
Coteros	Zonas residenciales	Mostración y venta de ropa, calzado, perfumes, lencerías, muebles, por el sistema pagos en cuotas

Cuadro 2.4. Ejercicios del descentramiento urbano (Continuación)

Floresteros	Calles y avenidas céntricas.	Calles y avenidas céntricas
Lava carros	Orillas de ríos, calles, avenidas, plazas, estacionamientos de casas y edificios públicos	Lavado de carros particulares con aguas de ríos o tuberías públicas
Taconeras	Calles y avenidas céntricas de la ciudad	Alquiler de sexo personal por tiempos convenidos a clientes diversos
Tatuadores	Plazas, calles, avenidas y residencias familiares	Colocación de tatuajes en el cuerpo de personas que lo soliciten
Colectores ad hoc	Zonas adyacentes a terminales, puertos y aeropuertos donde se encuentran transportes particulares	Prestan asistencia a los conductores de unidades de transporte público, ordenado la subida de pasajeros
Empresarios de morral y maletas	Todos los espacios de la ciudad	Postración y venta viandante de ropa, calzado, perfumería, joyas, bisuterías y otros artículos afines
Amoladores	Espacios residenciales	Prestan servicios privados de amolar cuchillos caseros y herramientas de jardinería hogareña
Peluqueros y peluqueras	Terminales, plazas y hogares de familia	Corte y arreglo de cabellos unisex
Pedigüeños	Terminales, plazas, calles y avenidas de la ciudad.	Solicitan dinero o cualquier ayuda material que le dispensen gratuitamente las personas
Pimpineros	Corredores vehiculares viales y limítrofes a las fronteras del país	Compra y venta de gasolina a carros particulares
Bicivendedores	Calles, avenidas y determinadas zonas residenciales	Venta en bicicletas de comidas preparadas u otros bienes ligeros
Jíbaros	Toda la ciudad	Distribución y venta de estupefacientes prohibidos

Cuadro 2.5. Ejercicios del descentramiento urbano (Continuación)

Limpiabotas	Terminales, plazas públicas, calles y avenidas céntricas	Ofrecen servicios de limpieza y lustrado de calzados
Zapateros	Zonas residenciales	Reparación de calzado en vías públicas o a domicilios
Cafeteros y aromáticos de a pie	Terminales, calles y avenidas con gran afluencia humana	Venta al metal de café, chocolate, té, tilo y manzanilla ya preparadas
Músicos y cantantes a domicilio	Toda la ciudad	Ofrecen paquetes musicales en vivo a personas o familias por determinadas horas
Teatreros de calle	Plazas, parques, terminales	Puestas en escena al aire libre de obras teatrales en formato ligero
Modificadores corporales	Locales particulares y casas de familia	Refacciones al cuerpo humano con agregados metálicos y acrílicos
Limpiavidrios	Esquinas de semáforos, estaciones de gasolina	Limpieza pública de los vidrios que llevan adheridos los carros
Vendedores espirituales	Calles, avenidas, plazas, parques, terminales	Venta de figuras religiosas impresas
Mecánicos ligeros	Zonas residenciales	Asistencia y reparación inmediata de fallas mecánicas que presenten determinados vehículos en vías públicas
Casinos ambulantes	Terminales, plazas y parques, hogares residenciales	Efectuación en vivo de juegos y apuestas de envite y azar
Vendedores espirituales	Calles, avenidas, plazas, parques, terminales	Venta de figuras religiosas impresas

Cuadro 2.6. Ejercicios del descentramiento urbano (Continuación)

Mecánicos ligeros	Zonas residenciales	Asistencia y reparación inmediata de fallas mecánicas que presenten determinados vehículos en vías públicas
Casinos ambulantes	Terminales, plazas y parques, hogares residenciales	Efectuación en vivo de juegos y apuestas de envite y azar
Licoreras caseras	Zonas residenciales	Venta de bebidas alcohólicas, tanto comerciales como caseras
Venta de garaje	Zonas residenciales	Venta al público de diversos artículos usados
Gafeteras/os	Eventos públicos abiertos	Venta de recuerdos ligeros, preferiblemente religiosos
Fleteros	Mercados libres, zonas comerciales	Oferta de servicios de transporte privado de mercancías en camiones/camionetas
Mecateros	Mercados Libres, Zonas comerciales	Prestan servicios de amarre de mercancías con mecates en vías públicas
Bachaqueros	Toda la ciudad	Adquisición y reventa pública y privada de toda clase de mercancías, especialmente de productos alimenticios subsidiados o regulados por el gobierno

2.3. La arquitectura de los descentrados

> Los cuerpos se tallan de muchas maneras. Allí los diseñadores son abundantes, prestos para beneficiar a unos y a otros, por tal vía, las quejas y los reclamos lucen impertinentes.

Las prácticas sociales y culturales descentradas parecieran tener bastante fondo. Sus actorías principales, sin andar pensándolo ni proponiéndoselo muy racionalmente, colocan en juego y echan a andar un conjunto considerable de actos y acciones inusitadas sobre todo aquello que por convención denominamos trabajo y negocios.

Los descentrados lo son porque animan sus experiencias de vida en la ciudad (y más allá) sobre un pool de cualidades, características y exigencias bien parcas, sin las cuales tal clase de mundo no les aparecería por ninguna parte.

Cara a los requerimientos y solicitudes del trabajo formalmente establecidos, las prácticas descentradas aparecen insurgentes (aquello de revolucionarias) y muy benignas para sus múltiples oficiantes, por cuanto los componentes que le hacen están cargados de mucha maleabilidad y positividad.

En lo que sigue pasamos a abrir muy desordenada y sintéticamente algunas de las propiedades que distinguen a las prácticas sociales y culturales descentradas, queriendo con ello mostrar aspectos como la calidad, el grosor político, la indeterminación, la determinación, las cualidades de resistencia, los costos y demás atributos que, grosso modo, presentan, a saber:

1. *Soberanías a granel*

Las actividades y desempeños que cumplen los descentrados están arreglados mayúsculamente a aquellas cosas, agendas y asuntos, mediante las cuales estos, y no otros, creen poder suplir esos déficits económicos y monetarios que a los momentos tanto les turban.

Los descentrados saben que al no tener espacios de trabajo regular, fijos o contratados en los sectores e instituciones tradicionales de las economías y servicios socialmente legitimados, que a falta de mayores atenciones solidarias y socorristas del capital, la sociedad y el Estado, o en virtud que las ofertas laborales no les resultan atractivas, deciden volverse voluntades relativamente soberanas para empezar a hacer aquello que efectivamente van haciendo.

Caso contrario, cuando ellos están sujetados a determinadas instituciones y empleos del tipo convencionales, pero allí los sistemas y dispositivos de control y vigilia (incluye moralidad y ética) de la actuación laboral ordinaria aparecen muy relajados, estos de pronto se re-ocupan en algunos de los descentramientos indicados, pasando a desarrollar –en paralelo– estrategias de venta bien sintéticas, conforme a los tiempos y públicos "cautivos" que tienen a la vista.

La *nueva clientela*, conformada generalmente por sus propios colegas, compañeros, amigos será llevada en cualquier momento al carro del funcionario descentrado, en cuya maletera reposan, para gustos diversos, diferentes productos. Cuando no, lleva la mercancía obtenida a su cubículo, oficina o locker personal, a los cuales conducirá a sus cercanos consumidores, otorgándoles precios y sistemas de pago algo flexibles.

2. *Mucha indeterminación en aquello que se hace y/o se quiere hacer en la ciudad*

El hecho de observar reiteradamente a muchos descentrados diseñando, exhibiendo y vendiendo unas cosas hoy, otras un tanto más tarde o a los otros días, semanas y/o meses, después negociando objetos bien diferentes a los dos casos antes mostrados, nos va indicando la profunda movimentalidad y maleabilidad que comportan esta clase de actos y prácticas.

Quizás suela ocurrir que el tipo de acción a emprender o emprendida por estas poblaciones, esté ajustada a aquel sintagma dictado ocasionalmente por un viejo actor televisivo, según el cual "como vaya viniendo vamos viendo".

Por supuesto, la indeterminación (la libertad) que exponen los descentrados sobre lo que hoy hacen y mañana no saben, también posee su respectiva determinación, su *locus* paradojal, en el sentido que mucha de su libertad se ve de pronto sombreada por lo que les ofrezcan al momento unos determinados mercados del mayoreo y el menudeo donde se abastecen.

Sí ese día el mercado mayorista no ofreció melones, piñas o manzanas, y sí cambures o tomates a granel, entonces estos no tendrán más opción que comprar y re-vender cambures y tomates, y ya no melones, piñas o manzanas, tal cual lo venía haciendo.

Entre la ciudad y *los descentrados* parecieran cristalizar unas ciertas relaciones de complemento y solidaridad, tenidas por aquello de que la primera les informa y pone a su disposición todo un variopinto de agendas, cosas y asuntos a su más pura y libre escogencia, en tanto que los segundos le gratifican tomando, circulando, voceando y negociando ante sus coetáneos y paisanos esas copiosas mercaderías y simbologías que la urbe les entrega.

3. Plasticidad en los tiempos, horarios

A diferencia de las fábricas e instituciones laborales convencionales, *los descentrados* cumplen sus rutinas en base a un ajuste personal y casi permanente de sus tiempos de faena.

En ellos no pareciera existir un horario único que determine con rigor las horas exactas indicativas de cuándo cada uno de ellos debe iniciar, descansar o culminar las actividades que indistintamente están trajinando.

El que cada *descentrado* haga aquello que más se parece a lo que quiere hacer, bajo unos esquemas horarios dispuestos por él, sin días ni turnos fijos, es lo que, en buena medida, le permite el realizar y poder combinar varias actividades contiguas, el poder detenerse un poco más o menos en aquellas cosas que a los momentos le demandan mayor presencia y atención.

Con todas las limitaciones que los descentrados seguramente encuentran en trabajar o hacer faenas bajo este esquema de tiempos plásticos, plurales, es de saber que en tal micro lógica ha operado una inversión de la relación trabajo/cuerpo humano dispuesta por la ciudad moderno-centrada, pues ahora el trabajador acuña y acopla el horario a su gusto, necesidad y medida, y ya no sobre aquella rigurosa labor convencionalmente dispuesta, la cual, por lo demás, nos obligaba, cual tirano y tiranía, a someternos exclusivamente a sus dictos y ordenes.

4. Actitud nómada

En la observación a las prácticas que van cumpliendo *los descentrados* en la ciudad (y allende), distinguimos claramente aspectos de mucha movimentalidad frecuente, reveladores de unas microculturas sumamente plurales, las cuales ven en la acción y la actitud nómada, beneficios reconfortantes para sus miembros.

El precitado nomadismo toma en tales casos, cuando menos, dos experiencias de trabajo bien nítidas, las cuales si bien no siempre alcanzan por igual a todos los involucrados, al menos son más que presenciales y bien relevantes en buena parte de ellos, a saber:

a.- Un nomadismo geográfico, consistente en aquello de estar des-
plazándose, con mucha regularidad, del lugar donde originariamente han estacionado a sus propios cuerpos, a los objetos, las
tecnologías, las mercaderías, bienes servicios que viven ofertando
a los públicos. De pronto distinguimos a buena parte de *los descentrados* establecidos hoy en tal plaza, calle, avenida, esquina e
institución tal, y de pronto dejar de apreciarles en dichos espacios, pues ya se han marchado a cumplir sus funciones en otros
micro-territorios de la ciudad, a veces muy cercanos al sitio donde anteriormente estaban sembrados, otras, en puntos, zonas o
territorios bien distantes y diferentes a los anteriores.

b.- Un nomadismo de equipaje, dado y distinguible en esa acción,
igualmente muy regular, de cómo unos y otros *descentrados* viven
rotando los tipos de productos y servicios que a los momentos
exhiben y procuran vender.

Hoy, unos promocionan y ofertan patillas y melones, mañana
cambures y caraotas, pasado mañana piñas y lechosas, otros hoy
llevan en sus manos, brazos, cuellos, pechos, cabezas y cinturas bolsas de tomates, pimentones, correas, trapos de cocina, forros para
celulares y volantes de carros pero luego, a los siguientes días o
semanas, les reconocemos cargando y vendiendo libros de leyes,
"pan andino" o de los llanos, ollas de cocina, manteles de cocina,
agua potable, tortas caseras.

Un muchacho descentrado de la ciudad de Maracay, de apelati-
vo Cartucho, me decía recientemente que:

> Uuff, profe, mire yo he vendido de todo. Yo me acuerdo que comen-
> cé por la Miranda ayudando a mi papá con la venta de plátanos que
> comprábamos por Choroní, pero al poquito tiempo como no conse-
> guíamos más entonces traíamos de allí jurel y sardinas, con el tiempo
> yo me abrí y me acuerdo que vendía correas, un tiempo vendía llave-
> ros, otra vez tenía mercancía de navajas y relojes chinos, pero ahora
> usted ve, vendo lo que hay aquí: planchas usadas, licuadoras usadas,
> CD y cigarros. Eso también se vende [11].

Varios elementos y situaciones parecieran estar conjuntándose
en las actitudes nómadas indicadas. Las de tipo geográfico tienen
mucho que ver con la disminución sensible de públicos y por lo tanto de ventas en los lugares que inicialmente ellos o ellas han tomado
para realizar sus propósitos, cuando no, son las presencias de poli-

---

[11] Mi nuevo amigo "Cartucho" opuso resistencia a revelar datos personales, lo cual éticamente aquí le hemos respetado.

cías y de otros guardianes del orden público quienes los obligan a marcharse de donde se encuentren.

Por supuesto, en demasiadas oportunidades *los descentrados* son literalmente obligados a entrar en negociaciones y enredos con ciertos agentes policiales, para no ser objeto inmediato de mudanzas obligadas y/o de secuestro de sus mercaderías.

Los famosos "pagos de comisión" o "colaboraciones especiales", bien sea en dinero contante o bienes de parte de los descentrados hacia los gendarmes, son prácticas más que permanentes en este tipo de situaciones, hecho que en alguna medida les termina mermando las ganancias esperadas.

Resistirse o no querer "bajarse de la mula" ante determinados agentes policiales es una condición de vida que generalmente *los últimos revolucionarios* no están muy dispuestos a correr, por ello es casi una obligación para estos hacer las transacciones vernáculas con los representantes de la justicia antes informadas.

En paralelo, encontramos que el precitado nomadismo está igualmente intervenido por el elemento empático, marcado por esas relaciones de amistad que unos y otros van de pronto cultivando, pues la marcha del "pana" o los "panas" del lugar donde estaba haciendo ventas, hacia otros ambientes, mueve también hacia caminos similares a ese otro humano-amigo del lugar donde se encontraba laborando inicialmente.

Por lo demás las relaciones empáticas, cagadas de mucha afectividad y camaradería entre tales actores emergentes, se deja apreciar bastante en este tipo de prácticas sociales, las cuales, la mayor de las veces, se van forjando -repito- en la acción homóloga que unos y otros prosperan.

5. *La determinación y conversión del espacio público.*

En la ciudad moderno-centrada los espacios están bien determinados, al menos dentro de los protocolos que han sido formalmente legislados por los "representantes" del pueblo. Desde el nacimiento de la episteme moderna [12] existe toda una gramática jurídica y

---

[12] «La episteme moderna va a nacer y comenzar a florecer, hasta volverse cada vez más, onmiabarcante por los mayores lugares de la cultura terrena, desde los momentos mismos en que la historia de Europa ve surgir a la burguesía. Toda una nueva clase entonces auténticamente revolucionaria que impondrá sentidos, huellas, órdenes, semiosis y configuraciones que fundan una nueva economía, unas nuevas relaciones de producción, pero marcas y sentidos que igual trasciende a dicho plano. De este modo- siguiendo al

política establecida que dice y segmenta expresamente aquello que es público y lo que tiene rango privado.

Lo público igual se traduce como lugares bien punteados, como espacios donde ha de estacionarse libremente la acción y la movimentalidad (la libertad) de las personas, sin más molestia que la causada por la política y los respectivos decisionismos ciudadanos.

La *acción social* de Parsons [13] (1990) se cumple en estos lugares sobre unos principios cardinales, con fundamento y arreglo a disposiciones, mandatos y normas obligantes para todos los habitantes de la ciudad.

Las prácticas sociales, culturales, económicas y políticas que reiteradamente viven llevando a cabo los descentrados dentro de la urbe, se hacen justamente a total distancia de todo aquello que informan y disponen (como norma, como ley, como ordenanzas), las instituciones públicas y los actos de gobernabilidad en ella constituidos, en tal sentido es más que obvio apreciar como dichas poblaciones se estacionan, arman sus tecnologías y hacen sus deambulaciones rutinarias, en los espacios públicos (y algunas veces hasta privados) que mejor consideran, con total ignorancia y desacato sobre aquello que al respecto ha dictado la ley de la ciudad.

El espacio geográfico de los descentrados será justamente aquel que ellos y las circunstancias les van indicando, nunca uno distinto.

Los descentrados no tienen realmente nada que ver con las obligaciones de permisología, de tributos, de responsabilidades y normas de calidad, higiene, salud, seguridad, y otras exigencias que formal y legalmente están dictadas y establecidas para las actividades económicas y de negocios que privilegia (y ampara) formalmente la ciudad.

Desde la dimensión de los tributos que debe cancelar cualquier persona al Estado y al municipio por concepto de las actividades comerciales, preguntémonos solamente: ¿Cuánto dejan de percibir instituciones como el fisco nacional, las gobernaciones y alcaldías por los comercios, negocios y masas de dinero que ordinariamente

---

profesor Alejandro Moreno. El aro y la trama. Episteme, modernidad y pueblo. Caracas, 1993, Centro de Investigaciones populares (CIP), encontramos que: "La episteme burguesa comienza a hablar en los discursos "cultos", en la lengua de los filósofos y teólogos que son los propietarios de tal discurso. Ella no abandonará ese espacio hasta nuestros días". 135.»

[13]Talcott Parsons. La teoría de la acción social. Madrid, 1990, Alianza editorial.

efectúan los descentrados en sus respectivos territorios y jurisdicciones?

Insisto, la determinación del espacio de vida de los descentrados es tan relajada y al *motu* de cada uno de ellos, en parte gracias a la "colaboración", indiferencia e impunidad con la que les observan y actúan los órganos e instituciones canonizadas para tales fines, así como los compradores y las comunidades residenciales donde ellos recrean sus ventas.

La baja o nula actuación mostradas en tales casos tanto por la institucionalidad pública local así como por su extenso funcionariato, en reiteradas veces resulta socorrida y recompensada, casi que obligadamente y con alguna regularidad, por *los descentrados* –repito– mediante la entrega a unos cuantos de estos últimos de cierta clase de "regalos especiales", sean en sonante o en especies (de lo que venden), hecho que ayuda a explicar en parte lo poco difícil que resulta convertirse en *descentrado* dentro de nuestras urbes.

La "guerrilla urbana" de los descentrados crece y se va estabilizando en nuestras ciudades porque, amén de contar con guerrilleros habilidosos en sus filas, tiene un vasto mundo de colaboradores y solidaridades, venidas tanto del campo de lo público como de lo privado y de la ciudadanía en general.

La nueva guerrilla urbana adelantada por los descentrados va siendo tan fuerte y brumosa dentro de las casas urbanas porque, amén de contar con numerosas voluntades humanas, encuentran en sus estancias unos micro climas políticos, culturales y epistemológicos bien benignos para el desarrollo de las tácticas y estrategias que mejor consideran, de lo cual destacan ciertos modos de ejercer la política por determinados políticos, vueltos al momento legisladores, gobernadores o alcaldes directa o indirectamente "colaborativos" con tales ejercitaciones.

6. *Tecnologías muy maleables y a costos muy bajos*

Los soportes tecnológicos que sirven como andamiajes para la colocación de toda esa diversidad de mercaderías y símbolos que despliegan los descentrados por los tantos centros, lados y costados de la ciudad, son de los más variados tipos, los cuales van desde el cuerpo humano propiamente dicho, pasando por carruchas, cajones, automóviles, camiones, bicicletas, motos, toldos, mesas, mesones, bolsas plásticas, morrales, maletas, maletines, las aceras, los plásticos extendidos, sillas, envases de plástico (vasos, platos, estuches).

Lo observable en la mayoría de estas tecnologías es su carácter de mucha maleabilidad y ductibilidad para poder ser desplazadas, armadas y desarmadas en cualquier momento y en los tiempos más rápidos posibles, amén de la presentación de unos costos de elaboración o compra que no problematizan en mucho el valor de la actividad que se hace, así como aquel retorno de inversión que esperan.

Amén de ser tecnologías a muy bajos costos, también llama la atención el hecho de saber que los materiales que enseñan sus respectivas estructuras, son de cualidades bien livianas.

Tales bondades tecnológicas son bien importantes tenerlas en cuenta al momento que estos personajes se movilizan, pues no siempre disponen de vehículos propios para sus diarios traslados, amén que deben ser fáciles y prácticas de montar y desmontar, por ejemplo, cuando la policía, la lluvia o cualquier otro improvisto, les llega de pronto.

Digamos también que el tipo de tecnologías empleadas por los descentrados presentan la condición de ser, en la mayoría de los casos, muy polifuncionales, esto es, se prestan para la realización de diversas funciones y actividades. Sirven para vender quesos como patillas, pantalones o pantaletas.

Los jóvenes empresarios de morral, estudiantes universitarios en gran medida, llevan las bisuterías u otras elaboraciones que van a vender dentro y fuera de sus espacios de estudio, simplemente en los morrales donde igual cargan sus equipajes de estudio.

Los *toldoteléfonos* utilizan paraguas, mesas, sillas, que igual sacan provisionalmente del comedor o recibo de sus casas para, luego de la faena, seguir dándoles el uso doméstico previsto.

Quienes venden cachapas, helados o comidas utilizan también la misma bicicleta que emplean para sus otros tantos desplazamientos personales y familiares dentro de la ciudad.

En las personas que se descentran como quincallas humanas, el soporte tecnológico fundante de su acción y deambulación cotidiana lo constituye su propio cuerpo humano. En él o sobre él hacen colocar y colgar magistralmente toda aquella cantidad de "periquitos" o accesorios (para automóviles, cocina, paredes, puertas, niños) que pueda soportar su esquelética personal.

Prototipos de tecnologías que finalmente también presentan, en la mayoría de los casos, cero nivel de contaminación ambiental o, en otros, de niveles verdaderamente muy bajos de la misma.

7.- *Bajos costos de inversión (inicial)*

Si las economías descentradas aluden a actividades posibles de ser realizadas por cualquier persona, con muy poca exigencia de formación escolar o habilidad técnica, hemos de señalar también que las mismas demandan para sus inicios inversiones de dinero y capital igualmente muy bajas, lo cual permite la iniciación y participación en ellas de cualquier miembro de la sociedad, sin más trancas que tener las limitaciones, necesidades o aspiraciones que en verdad se tengan.

En reiteradas conversaciones con muchos descentrados, he logrado informarme, en este caso gracias a Jesús Quintero, que:

> Mire mi profe. Yo estaba como comiéndome un cable, y en mi casa la cosa estaba fea. Yo no quería que mi hermana dejara de estudiar, entonces como no tenía trabajo me conseguí una plata prestada con un pana. Fueron como cinco mil bolívares de ahora, y me fui con otro pana al mercado mayorista de Coche Aragua. Claro, ya conocía a varios panas que iban y compraban allí lechosas o piñas o limones, luego los revendían por esos mismos lados, por la avenida que va pa'l cementerio, y levantaban su plática. Yo entonces así comencé. Bueno, hago ahora muchas cosas pero no me va mal[14].

---

[14] Jesús Quintero, entrevista realizada por Edgar Balaguera en la Av. La Cooperativa, Parroquia Las Delicias de Maracay/Aragua/Venezuela, en fecha del 23/03/2015.

Referencias

[1] Bataglini, Oscar (2001). *La Democracia en Venezuela. Una historia de potencialidades no realizadas.* Ediciones FACES. UCV. Caracas.

[2] Boudon, Raymond (2004). "La sociología que realmente importa". [En:] *Papers*, Revista de Sociología. Universidad Autónoma de Barcelona. Barcelona.

[3] Chalbaud, Román (2005). "El Caracazo". Largometraje. Ministerio de la Cultura. Caracas.

[4] Durkheim, Emile (1998). *La división social del trabajo.* Editorial Colofón. México.

[5] Foucault, Michel (1977). La Gubermentalidad, Ed. La Piqueta. Madrid.

[6] Foucault Michel (2001). *Defender la sociedad.* Fondo de Cultura Económica. Bs. As.

[7] López M. Margarita (2005). *Del viernes negro al referendo revocatorio.* Alfadil ediciones. Caracas.

[8] Marx, Carlos (1998). *Manifiesto comunista.* Editorial Crítica. Barcelona.

[9] Moreno O. Alejandro (1993). *El aro y la trama. Episteme, modernidad y pueblo.* Centro de Investigaciones populares (CIP). Caracas.

[10] Nietzsche, Friedrich (1953). "Sobre el lector del cual yo tengo derecho a esperar algo", [En:] *El Origen de la Tragedia.* Editorial Aguilar. Bs. As. pp. 109-115.

[11] Parsons, Talcott (1990). *La teoría de la acción social.* Alianza editorial. Madrid.

[12] Quintero, Jesús (2015). Entrevista realizada en la Av. La Cooperativa, Parroquia Las Delicias, Maracay estado Aragua, Venezuela, el 23/03/2015.

[13] Soto Hernando (1986). *El otro Sendero.* Editorial Barranco. Lima.

[14] Wittgenstein, Ludwig (1988). *Investigaciones filosóficas.* Traducido por A. García Suárez y U. Moulines. Editorial Crítica. Barcelona, 1988.

Parte III

3 Los ruidos del descentramiento

3.1. La revolución urbana que causan los descentrados

> Aquello que causan las revoluciones no siempre resulta fácil de admitir y reconocer como tal. En el decurso humano pretérito hubo tantas revoluciones que aún los antropólogos e historiadores siguen sin poder revelarlas.
>
> Alejandro -el otro-.

Procurar encontrar y atribuir cualidades revolucionarias, verdaderamente transformadoras, a las actividades y prácticas que cotidianamente colocan en juego el tipo de personas, familias o colectivos anteriormente informados, pareciera de entrada, y seguramente para cualquier mentalidad crítico/racionalista, toda una abierta desfachatez, una cara impertinencia o, cuando no, una extremada ligereza cumplida y practicada por quien directamente asume su autoría intelectual inmediata, algo muy propio de unos tales hombres posmodernos, señalados regularmente como bastante irresponsables, sobre todo en eso de espetar palabras e ideas.

Por lo demás, si hasta ahora la revolución es un grueso, meticuloso y casi sagrado texto que compendia muy pormenorizadamente todo aquello que en verdad es y define a una revolución; informa, casi que con lujo de detalles, el quiénes (y porqué) han de resultar los actores fundantes y aquellos otros de reparto (los aliados); distingue claramente la teleología o alcance que debe aspirar la misma; dispone oportunamente del tipo de tácticas, estrategias, técnicas y tecnologías a emplear para cumplir tales propósitos, entonces, claro está, el conjunto de prácticas sociales, figuras y sensibilidades humanas del tipo antes colocadas, junto a su autor, saldrían muy mal paradas de las significaciones y valoraciones que aquí le estamos queriendo conceder.

Como puede observarse, los deseos de pensar a las figuras y prácticas sociales descentradas que estamos beneficiando en nuestro espéculo del modo que queremos pensarlas, como abiertamente revolucionarias, se ven en lo inmediato enfrentadas y confrontadas ante y por un grueso texto de verdad [1], de esos cuasi históricos o sagrados que, por lo demás, extrañamente abundan por demasiados lugares, especialmente en las academias y agenciamientos ideopolíticos.

Tipo de magno texto centrado que igual ha tenido la suerte de diseminarse y alojarse en tanta subjetividad crítica, casi que impolutamente, de manera que cualquier resistencia o distancia sobre (y contra) él, tiene ya como mapeada y prefigurada su (contra) colocación inmediata, de allí pues la ardua y titánica tarea y desafíos que desde ya avizoramos, y nos esperan, en la prosecución de una ruta intelectiva que, no obstante, estamos, cual novel y entusiasta marinero de aguas frescas, interesados en proseguir su incierta y no menos excitante carta de navegación.

---

[1] Por *texto de verdad* quiero indicar aquí a esa cantidad de enunciados y construcciones de saber y sentido, editadas o no como libros, las cuales en lo qué dicen (y cómo lo dicen) llevan consigo una expresa y fuerte aspiración de establecerse como voz única e irrefutable sobre aquello qué es y hace al mundo de la vida, tanto en su totalidad como en cualquiera de sus pliegues, sin ningún tipo de reserva, tal como si fuera de lo dicho no habría cabida para más -otras- lecturas e interpretaciones. Recordemos que los textos de verdad se instituyen regularmente como *magno* textos.

3.2. Visitas al texto revolucionario

Bañados por una ética mínima del diálogo y la comprensión necesaria, esa que se empeña en escribir con la esperanza de ser contributiva a los encuentros fluidos y fraternos de las palabras y los sentidos transversales, así como a las reflexiones y consideraciones puntillosas que unos y otros vivimos encarando sobre ese crudo y cocido (cochino) mundo de mundos presentes que en cualquier horizonte se nos vuelcan a la sensibilidad, la mirada y el pensamiento de modo más que obligado, es por lo que bien vale la pena ocasionar ahora un re-visitamiento, aún cuando sea muy rápido, al magno texto (de textos) establecido y dictado por los revolucionarios sobre la revolución, de generar un parqueo ligero a las exigencias e implicaciones allí contenidas y dispuestas, a objeto de ir derivando del mismo aquello que nos pueda resultar sumamente útil (o inútil) para la comprensión vital de la posible potencia escondida en la saga de las figuras urbanas descentradas que estamos queriendo poner en relieve.

Insistamos, la revolución o las revoluciones contemporáneas (modernas) portan y están portadas por una recia gramática bien particular y oportuna, la cual las nombra y las dicta en lo que han de resultar sus recorridos fundamentales, de lo cual sacamos en limpio que las mismas (revoluciones) han podido efectuarse, allí cuando han llegado a hacerlo, en gran parte, gracias a un tipo de escrituras que, a tenor, cumplen el papel de lecciones para ser aprendidas y escenificadas en la diáspora de los acontecimientos sociales.

Por supuesto, hubo y sigue existiendo mundo de la acción social, sin más fundamento que el no fundamento, han ocurrido y continúan ocurriendo procesos y experiencias transformadoras huérfanas de fuertes dictados cognitivos, solo que, en lo sustantivo, hasta ahora este no ha sido el caso enseñado por las precitadas revoluciones contemporáneas transitadas, sacando de dicha regla a las (revoluciones) de talante posmoderno [2], en la cual se inscribe (por cierto) aquella que ahora están causando los descentrados de nuestro presente interés reflexivo.

Hasta ahora, las revoluciones modernas han sido tales y les reconocemos como cuales en gran parte porque están caramente go-

---

[2]En torno a las características y tonalidades que van presentando las revoluciones posmodernas (las que "nadie soñó), recuerdo visitar el extraordinario texto de Fernando Mires. *La revolución que nadie soñó. La otra posmodernidad*. Caracas, 1966. Editorial Nueva Sociedad.

bernadas por un portentoso y muy visible lema que, sin nada de ambages, llega a decir, en letras de fuente bien grande, más o menos lo siguiente: "No hay práctica revolucionaria que valga y sea sería, sino está colgada de una expresa y sólida basa intelectiva". En las tesituras de Lenin [3] (1972) se llega a leer inmaculadamente que "...sin teoría revolucionaria no hay práctica revolucionaria".

Las revoluciones de calado moderno han encontrado en las ideas y los pensamientos de Hegel (1967), el humus de su horizonte de sentido. En las inteligibilidades grabadas por este significativo y estelar escocés, las prácticas, los deseos y despotismos ocasionadas por la radiante y emergente burguesía, encontraron justificación, alimento y vitalidad sustanciosa para afirmar y legitimar lo que a los momentos (y desde antes) han venido gestando y quieren seguir afirmando por "cambio social".

El célebre y admirado profesor Marcuse nos logró decir en este sentido que:

> En la perspectiva de Hegel, el giro decisivo que dio la historia con la Revolución francesa consiste en que el hombre empezó a contar con su espíritu y se atrevió a someter la realidad dada a las normas de la razón...La revolución francesa enunció el poder supremo de la razón sobre la realidad [4].12-13.

No se trata que Hegel naciera y fuera primero revolucionario para luego dictar oportunamente el curso de la revolución burguesa, mucho antes que naciera la burguesía conocida históricamente [5], tampoco de validar aquel torpe malabarismo cartesiano de que primero "pienso y luego existo", más bien si de admitir que es con tal pensador, y no precisamente desde Kant, donde el mundo moderno ha podido fagocitarse intelectivamente.

Hegel le dado a todos los oficiantes tempranos y tardíos del capitalismo (actorales, magistrantes, serviles, burócratas e intelectuales) argumentos, fondo epistémico, racionalidad, dirección, ética, moralidad, coherencia, seguridad y certezas intelectivas (razón) sobre lo que efectivamente vienen y desean seguir haciendo, en nombre de

---

[3] Vladimir I. Lenin, *El Estado y la revolución*, Madrid, 1972, Alianza editorial.

[4] Herbert Marcuse. *Razón y Revolución*. Madrid, 1972, Alianza editorial.

[5] Al respecto estoy bien seguro que el 99,9 % de los burgueses no tienen ninguna o mayor idea de la existencia de Hegel, mucho menos del significado y valor de su espesa obra, como tampoco la inmensa mayoría de los proletarios (muertos y vivos) la han tenido sobre Marx o Lenin.

la vida, la libertad, la sociedad y el mundo que a su ancho juicio debe seguir.

Del otro lado, desde la acera de la crítica oportuna y mordaz (mortal) al capitalismo, esto es, desde la comarca de la revolución proletaria, anticapitalista, el texto en el cual leen, se entusiasman, se han inspirado y continúan inspirándose los longevos revolucionarios, es aquel producido por Marx y, a su manera y en su nombre, por Lenin.

Magno texto de la revolución moderna no capitalista, el cual conviene que nos detengamos a revistarlo por unos instantes (más), dado los impactos que, pese al fracaso de los socialismos reales, aún sigue jugando la suerte de cardinal farol intelectivo para tantas revoluciones y revolucionarios.

No se trata que lo pensado y suscrito por el joven y el viejo Marx haya sido lo mismo que pensó y suscribió el aguerrido Lenin, solo que aquí, como en el pensamiento revolucionario en general, advertimos y admitimos un gran clima de continuidad genérica entre parte de las ideas del primero y las del segundo.

Marx no supo nunca que iba a nacer Lenin, ni mucho menos las grandes repercusiones mundiales que su obra pudieran luego ocasionar. Lenin supo de Marx por lo que escribió e intuyó de este, hasta allí. Marx fue tributario de Hegel, Lenin de Marx (y Hegel).

En rigor, hablamos del texto de la revolución en sentido metafórico y semiótico, pues, como hemos visto, nunca hubo posibilidad de que ambas "estatuas" escribieran y nos legaran un texto unitario de tal naturaleza.

A lo sumo, el pana y eterno amigo intelectual de Marx fue Engels, como la Krúpskaya (esposa) de Lenin, en consecuencia, cuando decimos el texto histórico de la revolución crítica, anticapitalista, ha de leerse y comprenderse por tal, al conjunto de ideas, sensibilidades, apuestas, presupuestos, deseos expresos u ocultos, más o menos contiguos, que subyacen entre ambas (y otras) iconografías del pensamiento y la acción por posibilitar un mundo más allá de donde lo han estacionado los burgueses capitalistas.

Marx llega a entregar buena parte de su encomiable, accidenta y sufrida vida por producir una arqueología sumamente crítica, bastante meticulosa, respecto a lo que traduce la producción y el armado (en parte) del capitalismo, bien como prácticas de producción particular, bien como modo de producción y formación económica social histórica y determinada. De ello se sigue la distinción de una espesa arquitectura social y productiva burguesa, el desciframiento intelectivo de una lógica de sentido finita, así como la captación de unas maneras de producir y direccionar el trabajo, de acumular riqueza por parte de una clase social naciente, y con ella la emergencia de una sociedad bien peculiar y prototípica (la sociedad burguesa).

Las grandes marcas que hacen a la arqueología del capitalismo de Marx, están regadas y enganchadas en portentosas figuras lingüísticas tales como: Trabajo, explotación del trabajo, acumulación histórica del capital, enajenación, cosificación, dominación, clases sociales, proletariado, burguesía, hegemonía, plusvalía, modo de producción, formación económico social, fuerzas productivas, dialéctica, relaciones sociales de producción, revolución, historia, prehistoria, libertad, comunismo.

En fin, hay burgueses y capital porque los burgueses, sin andar proponiéndoselo expresamente, han logrado, más temprano que tarde o viceversa, copular otro mundo, cada vez más distinto al mundo de vida feudal y campesino conocido hasta entonces, a condición de rendir y apropiarse del trabajo asalariado.

Los detalles de lo pensado (en detalle) por Marx están en su valiosa y nutrida obra intelectual. La curiosidad y el desafío están en llegar a encontrar aquel tipo de amables y tranquilos lectores respecto a los cuales –en palabras de Nietzsche[6] "... yo tengo derecho a esperar algo".

Lenin por su lado dedicará buena parte de su sacrificada y militante vida, teniendo a las ideas de Marx como fondo, a la atención, la prefiguración y el armado teórico del tipo de tecnologías y técnicas, así como de tácticas y estrategias necesarias para calcular y hacer la revolución, al diseño y confección de instrumentales suficientes e indispensables para acometer el histórico acto de desbancar del poder a los burgueses capitalistas.

Las aportaciones intelectuales de Lenin [7], sin menoscabo del valor de lo pensado, son evidentemente mucho más instrumentales que las de Marx, y tal experiencia de inteligibilidad y escritura tienen mucho que ver con el tiempo histórico en el cual tan caro revolucionario llegó a producir sus tesituras. Momentos todos marcados por

---

[6]Ob. cit.

[7]Quizás, como un ligero *In memoriatis* a tan insigne pensador de la acción, hemos de recordar que este, amén de producir ideas, comprometió casi su vida completa a acompañar militantemente las luchas y gestas que para la época animaba el movimiento obrero y popular ruso. Para Lenin, la revolución no era para nada un mero espectáculo que veía desde los tranquilos palcos o graderías.

la lucha popular contra los zares rusos, la organización y sublevación de los obreros y campesinos para producir la primera experiencia de revolución socialista moderna contemporánea, al igual que su defensa y consolidación.

Ya estamos informados que desde la perspectiva moderna la revolución socialista será entendida como sendos cambios radicales al tipo de orden y sociedad realmente constituida, ella se le lee y comprende como el trastocamiento y aniquilación efectiva del modo de producción capitalista y, en su defecto, la instauración de la dictadura del proletariado.

Aquello de la sociedad administrada y gobernada por los obreros [8] es realmente todo un acto arreglado minucioso a lo establecido y dictado por un pensamiento profusamente racionalista y expresamente cientista, el cual ha calculado, casi que milimétricamente (como si fuera una obra ingenieril) la justificación, los tiempos, las actorías, las responsabilidades, funciones humanas, la dirección, la organización política y el instrumental necesario para acometer tan significativa tarea histórica.

La revolución es de este modo mucho más que el mero accionar de voluntades y deseos, por ello, para Lenin, las cuestiones atinentes a la organización del pueblo y la construcción de una vanguardia revolucionaria organizada en un partido revolucionario, proletario, fue asunto sumamente sustantivo en su teoría revolucionaria [9].

Figuras hoy día tan triviales y de apariencias sumamente indispensables dentro de la lógica revolucionaria, tales como la teoría política, la ideología (la conciencia), el partido, los cuadros, las tácticas y las estrategias, son elaboraciones espectaculares que, sobre manera, Lenin ha generado para querer prosperar un tipo de acción social y de salto histórico que tampoco sería cualquiera.

Desde Marx a Lenin tenemos que el socialismo que viene a sustituir al capitalismo ha de ser revolucionario, y ya no más espéculo utópico [10], reformista o anarquizante, propio de otros tiempos y

---

[8] Los lemas revolucionarios en Lenin fueron de tipo bien clasista, grabados en sintagmas tales como: "Todo el poder a los soviets".

[9] En especial, los aspectos vinculantes a la organización y el partido revolucionario en la teoría y el pensamiento de Lenin pueden leerse, entre otros, en el célebre y precitado texto: *El Estado y la revolución*, Madrid, 1972, Alianza editorial.

[10] No es nada casual saber que Karl Marx. *Ludwig Feuerbach y el fin de la filosofía clásica alemana.* México, 1976, Editorial Grijalbo. en su onceava tesis haya dicho: "Los filósofos no han hecho más que interpretar de diversos modos el mundo, pero de lo que se trata es de transformarlo". 46.

otros pensamientos/pensadores, con lo cual habría que tener mucha precaución y demasiada claridad de metas y fines. Sinuosidades que, repetimos, están altamente boceteadas en los grandes textos que firmaran estos caros pensadores.

3.3. La revolución que estallan los descentrados

Si por un por un momento nos internamos en el texto de la revolución anticapitalista[11] y tomamos prestado lo que allí se expone por revolución, encontramos, grosso modo, que tal acto y tal acción tienen un alcance bien preciso, aluden a la gestación y producción de cambios sustantivos y radicales al modo como está estructurado tanto el mundo burgués como la sociedad capitalista toda.

Dichas lecturas y lecciones no informan (a la vez) que tal revuelta social ha de ir en la perspectiva inmediata de cambiar lo destruido por otro tipo de sociedad, otras relaciones y modo de producción dominante y hegemónico, tal cual lo sería la *dictadura del proletariado*[12] y su consecuente socialismo proletario.

Colocados en tal biblioteca, o al menos situados en una parte estelar del mismo, aquello de producir severas mutaciones al orden burgués instituido y al tipo de sociedad que le fecunda, hemos en consecuencia de decir, sin mayores aspavientos, que las prácticas sociales que vienen alimentando y continúan cada vez más animando los descentrados en la ciudad moderna legislada y constituida,

---

[11]Con el sintagma *el texto de la revolución,* nos estamos refiriendo aquí ya no a un exclusivo y puntual libro, del tipo convencional que, cual sagrada biblia, diga contener el conjunto y los detalles sobre todo lo implicado en una gesta revolucionaria socialista, sino a esa cantidad de conceptos, preceptos, ordenaciones, enunciados, tácticas, estrategias, contenidas en los tantos pensamientos labrados por las grandes estatuas humanas del pensamiento político revolucionario, las cuales han venido cumpliendo la función de piso y referencialidad capital para todo aquella voluntad animosa de hacer revolución del signo conocido (moderna). En la explanada europea nombres como Marx, Engels, Lenin, Troski, Stalin, en medio de sus distancias, y otros del tipo Mariategui, Fidel, el "che" y Chávez, en nuestra América, son bien prototípicos de pertenecer a tal biblioteca, visto el fuerte y expreso hilo epistemológico y político que en ellos se teje.

[12]En polémica pública contra los renegados de la revolución socialista, Vladimir Lenin. Lenin, La revolución proletaria y el renegado Kautski, Moscú, 1962. Obras Completas. Tomo II. Editorial Progreso, espetó: "Kaustki no puede ignorar que la formula "dictadura del proletariado" es sino un enunciado históricamente más concreto y científicamente más exacto de la misión del proletariado consistente en "destruir" la maquina estatal Burguesa, misión de la que tanto Marx como Engels, teniendo en cuenta la experiencias de las revoluciones de 1848, y aún más la de 1871, hablan de 1852 a 1891, durante cuarenta años". 36.

están fuertemente matizadas por unos tonos y unos fondos profundamente revolucionarios, de lo cual se sigue que hoy la urbe (las urbes) están siendo severamente forzadas a la emergencia y la presencia de cambios nada desestimables, de radicalidad efectiva.

Por supuesto, una mirada tranquila y bien atenta a la experiencia de revolución que están madurando los *descentrados* en la ciudad, nos resulta suficiente para observar como la misma en tanto se acerca, de pronto igual se retira (y bastante) de los arreglos, cualidades y atributos, así como de las teleologías (las finalidades) estimadas por el pensamiento y los pensadores canónicos de la precitada revolución (socialista), sin que por ello deje de constituir efectivamente toda una revolución-otra de verdad.

Proximidad y distancia no racionalizada y mucho menos calculada, por lo tanto nada crítica ni prudente tanto con el pensamiento como con la experiencia de gesta revolucionaria convencional que ahora por tantos lados van activando los descentrados, la cual le distinguimos, entre otras cosas, por ese espumoso "son" y "zumbao" que enseñan tales personas/personajes.

La revolución que animan los *descentrados* torna muy transversalizada; fuertemente sombreada por matices de mucha genialidad, creación y juventud. Ello es, en nuestro último presente va eclosionando una extraordinaria y fortuita experiencia de ciudad-otra, no tenida antes del modo y la forma que efectivamente la vamos ahora teniendo.

Hasta ahora las revoluciones causadas y las experiencias de ciudad nutridas (por y bajo tales revoluciones) han sido del tipo utópicas, forjándose y formándose en territorialidades de nuevo signo, abjurando y retirándose de los lugares donde pudo anclar lo viejo, cuando no, mutando y desdibujando, casi que totalmente, tales espacios y experiencias, en ese sentido las marcas de revoluciones conocidas y sus correlativas ciudades levantadas, han resultado de tenor abiertamente destructivas, nada ecológicas.

La revolución que en la ciudad empujan los descentrados está un tanto bien lejana a la encartada en los diversos programas, proyectos y pensamientos racionalistas y decimonónicos revolucionarios. Se va instituyendo en buena parte desde los márgenes (geográficos, políticos, económicos, culturales, comunicacionales, morales, éticos, estéticos)[13] de la ciudad constituida, pero no quiere retirarse ni hacerse totalmente fuera de ella, al contrario es desde ella, desde

---

[13]El trabajo del profesor Michel Maffesoli. El tiempo de las tribus. El ocaso del individualismo contemporáneo. México, 2004, Editorial Siglo XXI,

sus centros, lados y costados donde los *descentrados* va fundando tanto su emergente territorialidad como sus lógicas de sentido.

La ciudad que van armando los *descentrados* no está nunca más arriba o más abajo de la geografía y la semiosis a que da lugar la ciudad moderno-centrada, en este sentido estas personas comparten tienda o se cobijan dentro de la gran carpa de los procesos de posmodernización[14] que hoy estallan por doquier.

En lo que informa, circula y pone a jugar la posmodernidad en pleno destape cuasi mundial, se puede perfectamente comprender y visibilizar tanto la acción como la saga, el fondo y la forma, de los *descentrados*.

Quizás las contribuciones a la ciudad que van procurando tan emergentes actores sea aquella de no verle ya como enteramente de "otros", recogida exclusivamente sobre el dictado y el dictamen político, estético, económico, residencial, educacional, laboral y del sentido de "los de siempre", por lo cual de pronto ellos van a deslizarse con sus actorías y desempeños por la distintos lugares que alcanzan (en la ciudad).

En su pujante protagonismo, casi siempre a muy bajo perfil, los *descentrados* revisitan y someten a tensión ordinaria los fundamentos y directrices colocados por la urbe moderna, saturándola hasta más no poder, con sus heteróclitas motivaciones.

La revolución que van causando los *descentrados* en la ciudad es tal porque, bien como diría un viejo amigo parroquiano del mero llano venezolano: "mueven tapete", esto es, ocasionan modificaciones y giros importantes a los tantos planos y dimensiones que hacen a la ciudad centrada.

Ristra de alteraciones múltiples, muy radicales, las cuales pasamos inmediatamente a estallarlas en algunos de sus puntos más nodales, a saber:

---

es bien elocuente en mostrar-nos prácticas de descentramientos múltiples, amparadas en "tribus urbanas".

[14]En nuestros días, las prácticas sociales se van cumpliendo, cada vez más, con arreglo a los componentes neo-tecnocomunicacionales que las tecnociencias generan y destapan por doquier y para casi todo, pero también tales actuaciones y desempeños toman un sentido cada vez menos apegado al dicto y el dictado de la racionalidad moderna establecida, y sí más cara a las valoraciones incrustadas en el texto posmoderno.

3.3.1. Revolución en la idea y el sentido del trabajo

En otros lugares de este ensayo hemos dicho que la ciudad moderno-centrada se activa en modo importante sobre aquellos contenidos que in-forman los extraordinarios textos e inteligibilidades que la aúpan, que ella se arma, rearma y vitaliza respecto a lo señalado por unos potentes discursos y unas sonoras discursividades producidas por determinadas élites.

Clase de discursos y discursividades que igualmente le son rebotadas a sus habituales residentes de maneras indistintas, con antelación y reiteración, en tal sentido la palabra trabajo, por ejemplo, tanto dentro como fuera de la ciudad legitimada, no refiere cosas ni actos laborales cualesquiera, no alude a reconocer lo que de pronto desea y pueda hacer cualquier persona dentro de la sociedad en general y su ciudad en particular, pues no toda acción productiva o contributiva será reconocida, valorada, titulada, protegida y pagada como trabajo a lo interno de dicha explanada.

Como sabemos, el trabajo que es trabajo[15] y como tal se reconoce social, política y culturalmente, refiere aquella actividad que está previamente dicha y legislada en los textos canónicos de la sociedad moderna, por ende tiene unos espacios, reglas e instituciones donde ha de cumplirse. Por lo demás, el trabajo moderno es totalmente relacional, no se hace con soberanía o desicionismo propio, sino sobre la base de unos criterios, unas órdenes y unas direcciones que para nada las coloca quien directamente trabaja. La figura de las fábricas, no son aquí meros adornos.

El trabajo (moderno) se paga, mal o bien, porque sobre él se construyen unos cálculos, se estiman unas producciones y unos rendimientos determinados. Así mismo, el trabajo es tal porque tiene unos tiempos y unos ritmos (de trabajo) que tampoco resultan aquellos que cualquiera de pronto le dan ganas por asignarlo.

En lo sustantivo, la ciudad moderna se las arregla bastante bien con las anteriores pinceladas de trabajo, por eso aquellas prácticas sociales que aún consumiendo esfuerzos humanos, técnicos, tecnológicos de magnitudes reales y estimables, generando bienes y riquezas específicas, no se tasarán ni valorarán como tal, en tanto no se inscriban disciplinarmente dentro de las habituales prácticas reconocidas como trabajo.

---

[15]Una nítida idea del *trabajo* en su versión capitalista, cual es la que se encuentra instalada por diversos ambientes, está contenida laboriosamente en el pensamiento de Karl Marx. El capital, México, 1971 Tomo I, Fondo de Cultura Económica.

Esta paradojal situación constituirá justamente el caso y la situación puntual que ponen en movimiento y revolución el conjunto de figuras descentradas que hemos estado considerando.

En la cultura descentrada trabajo es lo que se trabaja, aquello que consume algunas energías humanas y admite otros complementos, pero también actividad que lleva impreso un sello de deseos y esperanzas de sus protagonistas, no importando mucho si lo trabajado genera o no un producto finalmente transformado, totalmente acabado.

Para los descentrados, el trabajo traduce en buena medida hacer sobre lo hecho, esto es rehacer, por lo cual son todos unos ingenieros en eso de darle otros toques y giros a buena parte de las cosas producidas en otros lugares.

Para esta espesa guerrilla posmoderna, el trabajo posee unas incrustaciones y valoraciones que no están del todo presentes ni sospechadas en David Ricardo ni en Karl Marx, como tampoco en las estipulaciones de cualquier oficina del ministerio del trabajo que se encuentran estacionadas en determinada ciudad.

La actitud nómada, relajada y de mucha movimentalidad que le vivimos observando a los trabajadores descentrados, en gran medida también se hace presente cuando de hacer trabajo se trata, pues parte de lo que exhiben y venden, ha llegado a sus manos y vitrinas precisamente por la audacia y la agilidad que estos tienen para generarlo o apropiárselo, lo cual no siempre lleva incorporado valores de capital, instalaciones formales, horarios estrictos, uso o explotación de masas de obreros cualquiera.

Hacer valuaciones e inventarios a las existencias materiales de los *descentrados* es por tan cuesta arriba como querer armar allí un sindicato (de *descentrado*s) pues, repetimos, los criterios de existencias y trabajo allí desplegados no están presentes en las legislaciones y sociologías aún en circulación.

Por lo demás, tal como lo hemos estado informando, el trabajo de los *descentrados* carece de un sistema laboral e institucional único, por lo tanto los lugares de generación de lo que hacen son tan variados que van desde aquellos convencionales hasta esos espacios de anonimato que Augé (2000) llama *"Los no lugares"*.

La ductibilidad de los descentrados está también presente en eso de no determinar con tanta rigidez los lugares para la hechura y el cumplido de sus faenas, pues igual son espacios oportunos para la producción, la promoción y la venta de sus creaciones o recreaciones, los lugares convencionales donde trabajan o estudian formalmente, como aquellos estimados para el descanso y el placer.

Los ritmos horarios de lo que hacen, así como sus costos de producción son demasiado inestables, algunas oportunidades como invisibles, lo cual imposibilita aquí generar un espéculo de tenor generalizable para todos los casos y cosas que viven ordinariamente activando dichas poblaciones.

Los *descentrados* van haciendo revolución fuerte en la ciudad a partir de los prototipos de trabajo que realizan, pero también porque ya van constituyendo una suerte de vida laboral post-paradigmática[16] la cual por sus ductibilidad y ligerezas, cada vez arrastran e involucran (más) a demasiada gente.

Como experiencia que no es disyuntiva ni dicotómica, las prácticas laborales descentradas no ponen de entrada condiciones de obligatoriedad estándar, para nada establece exigencias del tipo: horario de trabajo o turnos, grados de instrucción, condición etaria, sexo o ideología.

La única consigna o requisito que parecieran estar colocando ordinariamente los *descentrados* a quienes igual pretenden incursionar en tales lides, y con ello ampliar a tan bulliciosa y nutrida guerrilla urbana, va más por eslogan del tipo: "eche pa'lante y más nada".

---

[16]Tal revolución la observamos como *post* o extra-paradigmática, en tanto las prácticas y los contenidos que estallan y circulan constantemente los descentrados, las cuales —repetimos— no están constituidas de un solo modo, como tampoco posibles de ser encapsuladas en una teoría X o en un modelo cual.

3.3.2. Revolución en las actorías

El precitado texto de la revolución moderno-centrada lleva también incrustado dentro de sí el tipo y la catadura de personas que han de fungir como relevantes y meritorias para animar, en primera línea, el proceso revolucionario en cuestión.

El orden desigual (muy desigual) dispuesto por Dios para las personas en la tierra, instituido en sexos opuestos, pigmentaciones variadas y posiciones sociales diferentes, es replanteado severamente en este magno libro de los cambios (modernos).

Las personas ocupamos lugares de primera o segunda monta (también como de ninguna) dentro del acto revolucionario en virtud ya no de nuestros deseos, voluntades o competencias performativas y curriculares que podamos individual o colectivamente poseer, sino en atención a cómo nos encontremos situados realmente dentro del proceso productivo que excita el capitalismo. Por tal *modus operandi* serán los obreros, la clase trabajadora fabril e industrial, la llamada especialmente a constituir el ejército de vanguardia de la revolución socialista informada antes.

No se trata para nada que la sociedad en algún referendo público, acuerdo, convención o legislación haya decidido entre todos sus habitantes nacionales, aquello de que la clase obrera constituye la cabeza clave y primordial dentro de la gesta transformadora anticapitalista y anti burguesa a efectuar, pues tal vez ni los mismos obreros están aún informados de las estelares y caras atribuciones otorgadas, ya no por el libro de Dios, sino por aquel otro emergido de las cabezas pensantes de Marx y Lenin.

Quizás en la ignorancia o no lectura detenida por parte de los descentrados respecto a lo dicho y fundado sobre actorías sociales, principales y secundarías, en el cuaderno de la revolución anticapitalista, es por lo que estos han optado por constituirse y relevar o complementar a los obreros como colectivo clasista, en eso de estar al frente de los cambios y transformaciones que en verdad están ocurriendo dentro de la ciudad.

Las mutaciones estéticas, políticas, económicas, comerciales, culturales y educacionales que la ciudad, esta o aquella, va registrando en nuestro último presente, ciertamente parecen haber encontrado en los componentes neo-tecnológicos (la computación, los software y la internet), en los nuevos movimientos sociales, en las sexualidades, en las tecnocracias y las tecno ciencias, parte de los novedosos agentes del cambio social de nuestra época, pero también hemos de resaltar que los *descentrados* han salido hoy de sus cuevas de anonimato, a bien de esparcirse por cada poro de la urbe, sea en los tiempos diurnos o nocturnos, señalándonos con ello, otros modos de estar en la vida, con plena independencia de lo que las grandes teorías o paradigmas digan y consideren.

Los *descentrados* devinieron en los tiempos del "aquí y ahora", personas relevantes, y ya no sujetos históricos[17], ello derivado de las prácticas sociales que fecundan cotidianamente, lo cual les otorgan una prolija estelaridad, o bien porque prosperan nuevas-otras maneras de "estar juntos" en la calle, la oficina, el estudio, la playa, el banco o en el trabajo.

Maneras de "estar juntos" que en la mayoría de las veces no resultan gobernadas (para casi nada) por los elementos empáticos, gregarios, pulsionales o festivos del tipo sospechados por Maffesoli[18] (2004) en sus tribus posmodernas, sino por necesidades mutuas de negocios, de tiempos y economías favorables entre y/a unos y otros, de lo cual, ciertamente, saldrán en numerosas ocasiones, soldaduras emocionales de ´proximidad.

Revolución en el protagonismo social o revelación de otras actorías que van exponiendo los *descentrados*, sencillamente porque van apareciendo y jugando diariamente en cualquier estancia de lo urbano, cual atractores complejos, disputando los espacios que aparecían reservados solo para figuras "históricas".

Destaquemos que los *descentrados* emergen como nuevas figuras actorales, no tanto porque en sus cajas craneanas o propósitos de enmienda exista, oculto o intencionado, algo así como un proyecto utópico o emancipador trascendente para la ciudad y/o la sociedad, del tipo asignado por el libro de la revolución a las actorías obreras, estudiantiles, campesinas e intelectuales. Nada de ello.

---

[17] El sintagma *sujeto histórico* alude a destacar la presencia necesaria de voluntades con *conciencia de sí* para el aseguramiento y la consolidación de procesos societarios trascendentes, revolucionarios, (Marx), bien provistos de *razón categórica (Kant)*.

[18] Ibíd.

3.3.3. Reordenamiento del espacio público

Entre los tantos atributos que llega a contener y mostrar la ciudad moderno-centrada está aquel que hace a su *espacio público* [19] como toda una constelación de lugares abiertos y cerrados donde sus residentes ciudadanos dialogan, legislan y tercian la suerte y el rostro de aquello que debe favorecer y proteger a la ciudad misma.

Recordemos que el espacio público moderno [20] nace como nuestro *Ágora* para pretender impedir que las disputas, discrepancias o diferencias entre unos y otros, por las agendas que sean, se resuelvan a tiros, a machetazos, a puño limpio o sobre lo que sencillamente disponga la fuerza, la economía y los meros deseos del que tiene más.

Bien sabemos que el espacio público de la ciudad es una conquista y una construcción del pensamiento político-filosófico de la modernidad, él se comprende como la necesidad de dotar a sus ciudadanos de ámbitos físicos y simbólicos específicos donde centrar la consideración de todo aquello que, por naturaleza político-cultural, es de todos, por ello en tales lugares los detenimientos, trasegamientos y movimentalidades de unos y otros, no tiene más valor y precio que aquel acordado libremente por sus miembros.

Entre los tantos lugares del espacio público citadino tenemos a sus calles, aceras, plazas, escuelas y universidades, teatros, vías peatonales y de circulación automotor, órganos e instituciones de cabildeo y legislación, bosque de ambientes que van a ser justamente aquellos que los descentrados van a estar alterando significativa-

---

[19] Entre las definiciones generadas sobre la figura del espacio público nos agrada la aportada por el cientista brasileño José A. Padua. Espacio público, intereses privados y política ambiental. Caracas, 1992, En: Revista Nueva Sociedad. N°. 122., en la cual nos dice: "Hemos de entender entonces que el **espacio público** se constituye en el **espacio estructurante y perenne** de la ciudad, y el **espacio privado** en el **espacio estructurado** y **mutable** de la misma. En el primero, el espacio público, se manifiesta el **interés común**; en el segundo, en el espacio privado, prima el **interés particular**". 156-163. (negritas del original).

[20] Para Jordi Borja. El espacio público, ciudad y ciudadanía, Bs. As. 2000, Secretaria de Desarrollo social, Gobierno de Bs. As, "El espacio público es el de la representación, en el que la sociedad se hace visible. Del ágora a la plaza de las manifestaciones políticas multitudinarias del siglo XX, es a partir de estos espacios que se puede relatar, comprender la historia de una ciudad". 56.

mente a través de sus manifiestas prácticas de sentido, sin andar racional o calculadamente proponiéndoselo [21].

Las alteraciones informadas aluden a la modificación que va teniendo el sentido político y cultural otorgado a dichas moradas, pues cada vez que tan polifacéticos actores toman la calle, las avenidas, las plazas, las escuelas, los teatros, las universidades, las oficinas, los autobuses y demás ambientes para armar sus stand, colocar y vender sus mercaderías o ejecutar las plásticas u otras performatividades sociales (médicas, culinarias y culturales en general), el espacio público originario de la ciudad pasa a acusar severas reconversiones, a conocer de sendos achicamientos, cuando no, su anulamiento total. En modo importante hemos de destacar que los espacios públicos son reelaborados y resignificados a favor de lo que vayan dictando los descentrados, y ya no tanto sobre el desicionismo ciudadano, en buena medida porque buena parte de la ciudadanía pareciera encontrar mayores ganancias e identidad en esa otra actividad que, no siendo pública, no negociándose sobre derechos ni participación ciudadana alguna, sí le brinda en lo inmediato réditos de distintas naturalezas, en especial del oferimiento de cosas y parafernalias que a primera vista les da la impresión de contener precios mucho más módicos, sin tantos enredos, que los dispuestos en las tiendas y agencias de comercio convencionales.

Un considerable número de personas citadinas, ante las trabas, imposibilidades y deterioros que presentan los empleos formales, los estudios formales y los negocios formales, optan por reinventar el trabajo, los estudios, el comercio y sus pervivencias, resignificando el tradicional espacio público, a tal extremo que cada vez más lo desdibujan ostensiblemente.

El retiro de la política en la ciudad se va viviendo como el abandono, cada vez más in crescendo, de sus residentes y autoridades (públicas) respecto a los lugares públicos tradicionales, otrora benignos para la asunción y el encaramiento de los saludables y necesarios diálogos, los debates, las confrontaciones y la búsqueda de acuerdos entre unos y otros para obtener una vida citadina cada vez más placentera, francamente vivible.

---

[21] En un animoso diálogo que llegue a obtener, años atrás, con un *descentrado* (carruchero), curiosamente este me preguntaba: "...y que es eso profesor del espacio público que usted me nombra a cada rato? ¿Quién le dijo de eso?".

La figura sintagmática, por lo demás escandalosa, que sustancian los posmodernos respecto a la "muerte de la política"[22] ha de leerse también como la mutación de lo público en espacios cada vez más privados, gobernados por un individualismo y/o unos nuevos tribalismos que van haciéndose en lo inmediato tan potentes como lacerantes para la sociedad moderna constituida.

Por supuesto, el declive de lo público que va viviendo aceleradamente la ciudad, también encuentra eco, acompañamiento y solidaridad grotesca en esa actitud de indiferencia, abandono, insolidaridad, despreocupación, falta de seguimiento y atención a los tantos lugares que lo constituyen, por parte de quienes así mismo se reclaman gobiernos y autoridades de la ciudad, con las excepciones que impone la regla. Las prácticas de los *descentrados* parecieran encontrar en nuestros últimos días, nuevos militantes, simpatizantes o amigos en los tantos figurines y estatuas políticas que generosamente han asumido la gobernación política de nuestras estropeadas urbes.

Cualquier visitamiento que hagamos a las ciudades nuestras de cada día, nos es suficiente para advertir como los *descentrados* hacen lo que hacen en los espacios públicos, casi que a plena vista y complacencia de sus administradores y custodios, sin muchos aspavientos.

Ahora en la ciudad la autoridad pública ya no es única, va siendo compartida entre las instituciones, las figuras políticas convencionales (las asambleas legislativas, los cabildos locales, el gobernador, el alcalde) y muchos, pero muchos, *descentrados*.

El epitafio ideopolítico de nuestros tiempos y ciudades bien puede decir, sin mucho escándalo, algo así como: ¡Las calles son del pueblo, (pero)¡ también de los *descentrados*!

---

[22] Cuando los asuntos de la ciudad se van haciendo y resolviendo en base a dictados del uso de la fuerza que cada quien tenga, de la preeminencia del yo como criterio para hacer y decidir lo que sea, del abandono de los lugares ciudadanos para blandir las espigas y diferencias entre unos y otros, del retraimiento de los representantes sociales para seguir representando, es por lo que decimos que ya la política ha perdido su pertinencia. Entre otros, un bello texto del poeta Rigoberto Lanz. (1999): El malestar de la política. Mérida/Venezuela. 1999, Ediciones de la Universidad de los Andes.ULA, nos resulta de muy buen agrado re- visitarle para comprender en detalle aquello que está refugiado en tan potente metáfora.

3.3.4. Relajamientos de la estética citadina

Ciertamente la ciudad es una entidad creada por unas, y no otras, personas conforme a unas determinadas necesidades que estos, en sus momentos y rutas particulares, van paulatinamente presentando. Tal principio se convertirá a la postre en fundamento cardinal respecto al hecho de saber porqué en sus vicisitudes las ciudades son o han devenido realmente bien plurales.

En tanto las personas portan necesidades, la lógica y los prototipos de urbe que se edifiquen en unos u otros lados, estarán en alta correspondencia con dichas demandas. por ello en las bitácoras de la historia y gracias a los amigos historiadores, al igual que a los antropólogos, encontramos que hubo ciudades originarias edificadas a la vera de los ríos, quizás porque sus residentes quisieron aprovechar los caudales de agua circulados para sus sembradíos; otras, se hicieron en la costa de los mares en tanto sus habitantes mostraron virtudes y cualidades por la pesca y el comercio marino, a tenor de aquellas armadas en montañas, las cuales fueron tales porque sus residentes, especialmente sus administradores, quisieron guarnecerse de posibles actos de vandalismo y guerra.

Pero digamos que con todo y que las personas hacen ciudades, teniendo al frente un mundo (sus mundos) de necesidades y apremios, tampoco por ello dichos emporios se estructuran de cualquier modo, en consecuencia entre ciudad y gusto, entre emporio y estética citadina, irá a cristalizar (también) unos anudamientos y unas complicidades que en algunas oportunidades lucirá muy tensional, en tanto que en otros casos tal relación se vivirá más relajadamente, sin disposiciones o vigilancias muy severas.

3.3.5. Reinvención de la geografía urbana

Ligeramente ya hemos observado en este espéculo que la experiencia real de *ciudad moderno-centrada* se desarrolla, a diferencia de otros prototipos urbanos, muy apegada a esa suerte de "magno libro" que a los efectos está estacionado, casi que muy tranquilamente, en los centros e intersticios de las mentalidades que la habitan y custodian. Que ella tomará la forma y el fondo de lo que vaya estipulando aquel extraño "cuaderno de la ciudad".

"Libro de la ciudad" sobre el cual han venido planeándose y edificándose siglo tras siglos, años tras años, ciudades y más ciudades, pero "mega cuaderno" que tampoco nos va a resultar cualquiera de esos muchos (textos) que sobre modelos de ciudad, sobre políticas de ciudad, sobre educación o prisiones en la ciudad, tanto abundan (en la ciudad).

Quizás la agitada marcha que diariamente nos somete e impone la urbe, no nos deje mucho margen para observar y pensar tanto en los lugares como en las mentalidades donde la meticulosidad racional curtió los diseños y arquitecturas de las explanadas donde residimos.

Tal vez nuestra apresurada y temerosa gira por la urbe nos impida distinguir los aposentos y cajas craneanas[23] donde está instalado aquel pensamiento que ha dispuesto las locaciones, por ejemplo, para asentar la escuela, lo residencial, lo fabril, lo comercial, lo deportivo, el entretenimiento, allí donde efectivamente existen.

Lo importante en todo caso a retener ahora es que unas y otras ciudades instaladas en la lógica citadina que estamos llamando *moderno-centrada*, no se ordenan del todo al garete, al lujo y gusto de lo que cada quien quiera, pues si ello fuera así ¿cómo explicar entonces que unas y otras urbes devengan públicamente más ordenadas o menos planificadas, más europeas o latinoamericanas (suramericanas), que tengan en común los ordenamientos identitarios que tienen o, en su defecto, los deseos porque ellas continúen siendo eso que enseñan, porque se circunscriban a unos determinados modelos de ciudad moderna[24]?

---

[23]. Entre todo ese montón de imágenes, recuerdos, deseos, mapas y sentidos que tenemos alojados en la cabeza, destaca la idea de ciudad que también portamos allí. De hecho, antes que la ciudad esté localizada en el mundo firme, está bien elaborada y definida en nuestras respectivas cajas craneanas.

[24]. En los campos y saberes disciplinares de la arquitectura urbana, de la sociología urbana, de la geografía urbana, del diseño urbano, de la legisla-

De todo este ligero escrito podemos ya sacar en limpio cosas como que las ciudades, en particular las moderno-centradas, más allá de un evidente desorden, están fuertemente pensadas y fijadas a la base de un determinado orden (epistemológico, estético, cognitivo, político, cultural, de salud.), el cual se va a convertir rápidamente en todo un designio de orden funcional.

Vamos comprendiendo como en esta o aquella urbe, sea en las europeas o nuestro-americanas, las dimensiones que hacen a lo residencial, lo comercial, lo educacional, lo político, lo bancario y financiero, lo divertido y espectacular, lo productivo e industrial, tengan expuestas cultural, social, política y legislativamente unas perfectas localizaciones, mapeados racionalmente sus puntuales microterritorios de actuación y desempeños.

Este conjunto de ordenaciones urbanas serán aquellas que precisamente van a revolucionar y replantear seriamente los *descentrados* con la activación de sus prácticas sociales variopinto. Revolución esta que lo va siendo realmente, y ya no meramente estable en los sueños del utopista, en tanto ellos revuelven y des-acomodan el orden y los lugares de ciudad pre-establecidos para la colocación y efectuación de las distintas dimensiones y sentidos fundados.

Aquel viejo dictado de los calculistas de lo urbano, en especial lo sentenciado por la inteligibilidad de sus doctos geógrafos, ingenieros, sociólogos, arquitectos y cartógrafos, respecto al lugar y función distintiva asignada (con antelación) y a ocupar por cada actividad, y sus correlativas prácticas sociales dentro de la ciudad moderno-centrada, sigue sosteniéndose casi que incólume, pues, grosso modo, las industrias y fábricas donde se cumple el trabajo productivo fuerte siguen estando localizadas físicamente en las llamadas y demarcadas zonas industriales; los espacios escolares generándose en recintos de estudio bien amurallados y protegidos contra la presencia y la contaminación de la masa y el vulgo; los lugares residenciales permanecen donde dicen descansar y dormitar las respectivas familias, un tanto distantes de las fábricas; los estadios un poco más allá (o más acá) y las entidades comerciales, financieras y bancarias justamente en los espacios convenidos para ello.

Por supuesto tan tranquilo y visible orden urbano hace rato que ha venido siendo trastocado de muchos modos por propios, próxi-

---

ción urbana y de la ciencia política urbana, se encuentra contenida y bien expresa, demasiado dicha y aspirada, todo aquello que hace a la ciudad moderna.

mos y extraños, quizás de manera mucho más sonora y ejemplarizante en la mayoría de las urbes nuestroamericanas que en las europeas[25].

El tipo de desorden, de revolución, que estamos ahora queriendo exponer en este acápite es aquel que silente o ruidosamente ocasionan los *descentrados*, bien porque inusitadamente se van instalando con sus cuerpos y parafernalias a los lados, en las rutas y en las interioridades de los lugares e instituciones puntualmente legisladas, bien porque el tipo de prácticas y sentidos que despliegan, llega ya y va minando a parte importante de los cuerpos y sensibilidades humanas estacionadas tranquilamente en dichos reclusorios (de trabajo, de familia, de salud, de comercio, de finanzas, de estudio), de unos modos tales que, en poco tiempo, igual las van asimilando a sus insospechados ejercicios, ejércitos y carpas de nuevos revolucionarios.

Dentro de la ciudad moderno-centrada las fábricas e industrias continúan siendo fábricas e industrias asentadas para tales fines, así mismo las familias y espacios residenciales, educacionales, bancarios, financieros, comerciales, culturales, deportivos, recreativos, persisten en seguir haciendo aquello que informa la tradición moderna. El nuevo agregado aquí es que ahora los sentidos burgueses y capitalistas, representados sempiternamente en patrones, capataces y obreros, estacionados en unos espacios físicos bien precisos de la ciudad, son complementados y puestos en tensión por los marginales sentidos y desempeños que activan los emergentes *descentrados*.

Desorden del orden instituido que se va haciendo casi con sonidos y pisadas muy finas, hasta invisibles, a los oídos, olfatos y ojos de los patrones y sus familias, pues hemos de saber (también) que los limpios y refinados ojos, oídos, y tactos de los señores y las señoras burguesas, tienen ahora que empezar a lidiar con esos estruendosos ruidos callejeros que van deslizando los *descentrados* por toda la ciudad, una vez que también a dichos elegantes urbanismos comienzan a llegar uno que otro atrevido *descentrado*, con parlante

---

[25]. Al respecto digamos de pasada que ya los ciudadanos residentes de Madrid y Barcelona, por ejemplo, viven quejándose ante sus autoridades por la llegada a ellas de unos ciertos "tufos" de comportamientos urbanos latinoamericanos, por ello también en las Europas los *descentrados* y *descentramiento*s que hemos estado auscultando, van intempestivamente apareciendo, cara a la caída de sus estado de bienestar y la impronta del más abyecto neoliberalismo.

sobre su camión, vociferando singles del tipo: "Mi doña, mi doñita: llevo plátanos, piñas y lechosas baratas".

Las industrias y fábricas persisten en transformar materia prima en productos acabados o semiterminados, con sistemas laborales y disciplinarios bien demarcados, lo nuevo allí está en presenciar como al menor rato libre o en el más mínimo descuido del patrón o sus tantos lisonjeros, obreros y empleados dedican e invierten parte sus tiempos a mostrar, vender o comprar (a sus compañeros) ya sea una bisutería, un bolso, un perfume, una lotería, un pantalón, una camisa o cualquier otra elaboración *made in descentrada*, con el consecuente relajamiento cultural y semiótico de lo que modernamente llamamos lugar y localización fabril, aún cuando tales filigranas geocognitivas dieran la impresión de ser escasamente fugaces, de no afectar para nada la lógica de sentido allí instalada.

Similar relajamiento al que va sucediendo al interior de los tantos espacios fabriles e industriales instalados, busca suceder céleremente, casi al desnudo, en esos otros tantos ambientes y lugares establecidos en nuestras urbes para hacer y cultivar vida ciudadana: la universidad, el partido, la iglesia, los tribunales, las cárceles, el hospital, el hogar, el estadio, el restaurante.

Tanto en la escuela, en cual sean sus grados y postgrados, en la iglesia, en la casa o reunión del partido, en los tribunales, en las cárceles, en los hospitales, también va reventando mucho de lo que hasta aquí hemos estado nombrando como cultura descentrada, sin que a la vista veamos mayores esfuerzos o intentos de ciudadanía y/o de políticas públicas por anularlos, lo cual traduce inesperadas consecuencias tanto para unas como para otras ciudades y ciudadanos, o ¿acaso no, estimado lector?

Referencias

[1] Borja, Jordi (2000). *El espacio público, ciudad y ciudadanía.* Secretaría de Desarrollo social, Gobierno de Bs. As, Argentina.

[2] Mires, Fernando (1996). *La revolución que nadie soñó. La otra posmodernidad.* Editorial Nueva Sociedad.

[3] Lanz, Rigoberto (1999). *El malestar de la política.* Ediciones de la Universidad de los Andes.ULA. Mérida/Venezuela.

[4] Lenin, Vladimir I.(1972). *El Estado y la revolución.* Alianza editorial. Madrid.

[5] Lenin, Vladimir I (1962). *la revolución proletaria y el renegado Kautski.* Obras Completas. Tomo II. Editorial Progreso. Moscú.

[6] Maffesoli, Michel (2004). *El tiempo de las tribus. El ocaso del individualismo contemporáneo.* Editorial Siglo XXI. México.

[7] Padua, José A (1992). "Espacio público, intereses privados y política ambiental". [En:] *Revista Nueva Sociedad.* N° 122. Caracas.

Parte IV

4 Perspectiva descentrada

4.1. Aquello que nos van dejando (para pensar) los descentrados

> ¿Qué le queda al espíritu después del viaje? Dónde estamos después que creemos haber culminado la ruta iniciada? Tal vez nuestro consuelo sea aquí el saber que recién estamos comenzando a desandar el camino.

Las distintas incursiones hechas hasta aquí por el entreverado mundo de la *ciudad moderno-centrada*, en especial, el paciente visitamiento a ese torrente manantial de descentramientos y prácticas descentradas que aceleradamente en ella(s) van cumpliéndose por doquier en nuestros últimos días, nos van dejando en limpio un conjunto de avisos y señales de tenor variado, respecto a las cuales resulta bien saludable producir una -otra- parada intelectiva, aun cuando ella siga siendo breve, pues la etnoepistemología ensayada en dicho recorrido, nos regala ya algunas cosas sobre las que bien vale la pena avanzar ciertas puntuaciones epilogonales, a saber:

1. Independientemente de las voluntades y deseos de los residentes urbanos, la ciudad que ahora vamos teniendo por gran casa residencial, cada vez se aleja más tanto del prototipo de ciudad heredada como de esa soñada y deseada por los pensamientos y pensadores de lo urbano (la "ciudad bonita").

Los espacios citadinos de nuestros días se va revelando abiertamente contra una distintiva tradición de ocupación y realización de lo urbano, en la cual acaso lo más sobresaliente resulte el desbordamiento de sus tantos causes y normalidades, a condición del surgimiento en escena tanto de nuevos oficios y desempeños como de un tipo de actores no tenidos en cuenta hasta ahora como tales.

Entre la experiencia de urbe recibida y el concepto de espacio citadino punteado racionalmente, bien haya sido por los filósofos, los diseñadores, los arquitectos o quienes se han reclamado como sus más inmediatos custodios y administradores (los políticos), hoy van recreándose un conjunto de sentidos, prácticas, desempeños, sensibilidades, performatividades y valoraciones nada conformes al boceto y esperanza de ciudad querida.

2-. La ciudad moderno-centrada se fue haciendo incesante y rápidamente lugar –otro-, en gran parte debido al hecho cierto que ella extrañamente pudo escapar de los cálculos y estimaciones labradas por sus copiosos regentes y pensadores racionalistas, en tal sentido, entre la ciudad imaginada y esa que realmente tenemos diariamente frente a nuestros ojos, han podido mediar tremendas distancias y acontecimientos.

En la generación de la ciudad hoy realmente existente han logrado privar un vasto número de variables que igual tienen aposento tanto en las mentalidades, los deseos, los intereses, la experiencia política y las prácticas culturales tramadas a lo interno de sí, como en el estallido de unos vectores que le son propios a la arquitectura transnacional de la episteme que funda a la racionalidad citadina contemporánea.

La crisis de la modernidad también ha podido generar sus impactos y costes en experiencias urbanas como las nuestras de lo cual el descentramiento en cuestión resulta "carne viva".

3-. El crecimiento visiblemente exponencial de los descentrados y su consecutivo desparramiento por lo variados centros, poros y pliegues de la ciudad moderno-centrada, difuminan y colocan en entredicho el grueso de conceptos, valoraciones y asignaciones económicas, laborales, educativas, políticas, culturales, sociales, recreativas, residenciales, pensadas y otorgadas por los pensamientos racionalistas de lo urbano para cultivar la vida en la ciudad.

Las demarcaciones citadinas convencionales entre los espacios residenciales, públicos, productivos, laborales, educacionales, recreativos y comerciales tornan diariamente en mayor dificultad de observación, reconocimiento y vivencialidad en la medida que los descentrados, con su disimiles oficios y desempeños, los van desfigurando ostensiblemente.

4-. La cultura del trabajo, arreglada a sendos principios ordenadores del tipo: lugares, horarios, especializaciones, escalafones, educaciones y remuneraciones, contrataciones laborales, tiende súbitamente a relajarse, a perder su referencialidad unívoca, en tanto las prácticas, los cuerpos y las voluntades de los *descentrados* se hacen cada vez más visibles e impactantes.

5-. La tradicional e importante figura política del *espacio público* acelera su encallamiento, la pérdida de su fuelle, vitalidad y significación una vez que los *descentrados* van convirtiendo frenéticamente a las plazas, las calles, las avenidas, los parques, las instituciones de educación y otros tantos agenciamientos otrora pensados y legislados para el diálogo, el debate y la consideración libre de los asuntos citadinos, como sus más inmediatas y benignas zonas para la mostración y comercialización de esas heterogéneas mercaderías y performatividades que prosperan.

6-. En tanto *los descentrados* van convirtiendo a los múltiples espacios de la ciudad en sus espacios, la gobernabilidad de la urbe y de lo público igual acelera profundamente su debilitamiento, pues los principios de legislación, autoridad y vigilancia democráticamente convenidos, tienden a ser suspendidos en parte importante de suyo.

Las decisiones y acatamientos de ley y orden respecto a qué lugares públicos favorecer para tales fines y bajo qué exigencias, sabemos que van siendo atribuciones repartidas cotidianamente y sin mayores puntos de conexión, diálogos o acuerdos, entre tanto lo que dicta y decide la autoridad tradicional (las gobernaciones, las alcaldías, los parlamentarios) como por aquellas conclusiones y determinaciones que lleguen a producir colectiva o individualmente *los últimos revolucionarios*.

7-. Las prácticas masivas de *descentramiento urbano* consideradas, coadyuvan notoria y diariamente a la reinvención estética de la ciudad.

Las disposiciones modernas convenidas para la ordenación y relación entre sentidos, objetos, mirada y deleite público, cuyos criterios siempre fueron del tipo equidistantes, muy determinantes en cuanto a precisar aspectos como: lugar, profundidad, superficie, volúmenes y cualidades a ser portados y enseñados tanto por las personas como por sus distintas creaciones, se nos van revelando ahora muy profusos, bastante desordenados.

Hoy día, frente a un monumento público, el sentido de la vista y los gustos ciudadanos deben aprender a recrearse junto al apilamiento de carruchas, buhoneros y voces sin acordes comunes, que igual gritan: "venga doñita que tengo melones frescos"; "acérquese patrón, tengo el mentol chino que usted busca pa'su salud" o "tomates, tomates, cuatro kilos de tomates por 3000 bolos".

8-. Los *descentrados*, por medio de sus variadas prácticas, oficios y desempeños, se van volviendo contributivos a los problemas y demandas de empleo que tanto atormentan a las urbes contemporáneas, visto el estado de precariedad y trabas que muestran sus aparatos productivos convencionales.

Si bien no se tienen a la mano estudios ni estadísticas actualizadas ni confiables sobre el número de personas y familias dedicadas en los últimos años a las actividades de la "economía informal" y de la "contracultura", hemos de decir que cualquier inmersión o paseo por nuestras ciudades, es más que suficiente para apreciar la ingente cantidad de cuerpos y voluntades alistadas en los menesteres del *descentramiento*.

Aquí solamente uno se pregunta (con derecho): ¿De qué tamaño y ruido sería la población realmente desempleada en la ciudad, sin ningún tipo de entradas económicas regulares para sus hogares y familias, si fueran enteramente prohibidos ahora los oficios y desempeños que cumplen *los últimos revolucionarios*?

9-. Las mismas contribuciones *ad hoc* que a la ciudad van brindando en nuestros días los *descentrados*, especialmente a sus ciudadanos, familias, a su gobernabilidad y gobernantes, tornan igualmente bien paradojales, pues en tanto ellas devienen como suerte de alivios sociales, otorgando precios ocasionalmente mucho más bajos que los ofrecidos por las economías regulares, a disposiciones inmediatas y más cercanas a los hogares; causando nulas demandas de empleo, de servicios, del mismo modo dichas acciones se hacen fuera de los marcos de la ley urbana, del gusto estético establecido y sin garantía de responsabilidad alguna.

10-.Figurados como "guerrilla urbana" los *descentrados* han podido obtener sus exponenciales crecimientos en parte motivado a las disposiciones y recepciones positivas que van ofreciéndoles los ciudadanos, en términos de compradores y consumidores directos e inmediatos de aquellos productos y servicios que promueven y ofertan.

Los descentrados han venido afirmándose en los tantos espacios de la ciudad, bajo los modos que lo hacen, gracias (también) a una ciudadanía que, trajeada de consumidores y demandantes de servicios múltiples, prefiere buscar en ellos sus productos, exhibiciones y bienes. De tal suerte que los segundos se vuelven cómplices regulares de los primeros.

Tal "espíritu colaboracionista" para con la "guerrilla" de los *descentrados* igual lo van mostrando las instituciones como los funcionarios públicos responsables de la administración, el cuido y el orden de la urbe, pues la indiferencia y complicidad con la cual estos actúan ante esa clase de ilegalidad cotidiana, así nos lo van revelando.

Referencias

[1] Augé, Marc. *Los no lugares. Espacios del anonimato.* Editorial Gedisa. Barcelona, 2000.

[2] Azpúrua, Carlos. *Amaneció de golpe.* Largometraje. Filmaffinity/Conac. Caracas. 1998

[3] Balaguera, Edgar. *América latina. La modernidad difícil.* Ediciones del Centro de Investigaciones Contemporáneas. CINCO/UPEL. Maracay, Venezuela, 2007.

[4] Barbero, Jesús M. *Descentramiento cultural y palimpsestos de identidad. Estudios sobre las culturas contemporáneas.* Universidad de Colima. México, 1997.

[5] Bataglini, Oscar. *La Democracia en Venezuela. Una historia de potencialidades no realizadas.* Ediciones FACES. UCV. Caracas, 2001.

[6] Borja, Jordi. *El espacio público, ciudad y ciudadanía.* Secretaría de Desarrollo social, Gobierno de Bs. As, Argentina, 2000.

[7] Boudon, Raymond. "La sociología que realmente importa". [En:] *Papers.* Revista de Sociología. Universidad Autónoma de Barcelona. 2004. pp. 215-226.

[8] Chalbaud, Román. *El Caracazo.* Largometraje. Ministerio de la Cultura. Caracas, 2005.

[9] Durkheim, Emile. *La división social del trabajo.* Editorial Colofón. México, 1998.

[10] Dussel, Enrique. *Hacia una filosofía política crítica.* Bilbao, 2001.

[11] Follari Roberto y Lanz Rigoberto. *Enfoques sobre posmodernidad en América Latina.* Editorial Sentido. Caracas, 1998.

[12] Foucault, M.: Defender la sociedad. Fondo de Cultura Económica. Bs. As. 2001.

[13] _____. La Gubermentalidad, Ed. La Piqueta. Madrid, 1977.

[14] _____. *Microfísica del poder.* Ediciones La Piqueta. Piqueta. Madrid, 1987.

[15] González Q. José L. *De la ciudad histórica a la ciudad digital.* Ediciones Ciudades diversas, lengua de trapo. Madrid, 2003.

[16] Deleuze, Gilles y Parnet,Claire. *Diálogos.* Editorial Pretextos. París, 1977.

[17] Hegel, Ludwig W. *Lecciones sobre la Filosofía de la Historia Universal.* Tomo I. Revista Occidente. Madrid, 1967.

[18] Hobsbawn, Eric. *Las revoluciones burguesas.* Editorial Guadarrama. Madrid, 1972.

[19] Lanz, Rigoberto: *El malestar de la política*. Ediciones de la Universidad de los Andes (ULA). Mérida/Venezuela, 1999.

[20] Lenin, Vladimir I. *El Estado y la revolución*. Alianza editorial. Madrid, 1972.

[21] _____: "La revolución proletaria y el renegado Kautski". [En:] *Obras Completas*. Tomo II. Editorial Progreso. Moscú, 1962. pp. 26-28.

[22] López M. M. *Del viernes negro al referendo revocatorio*. Alfadil ediciones. Caracas, 2005.

[23] Maffesoli, Michel. *El tiempo de las tribus. El ocaso del individualismo contemporáneo*. Editorial Siglo XXI. México, 2004.

[24] Marcuse, Herbert. *Razón y Revolución*. Alianza editorial. Madrid, 1972.

[25] Marx, Carlos. *Manifiesto Comunista*. Editorial Crítica. Barcelona/España, 1998.

[26] _____. *El capital*. Tomo I. Ediciones del Fondo de Cultura Económica. México. 1971.

[27] _____. *Ludwig Feuerbach y el fin de la filosofía clásica alemana*. Editorial Grijalbo. México, 1976.

[28] Mires, Fernando. *La revolución que nadie soñó. La otra posmodernidad*. Editorial Nueva Sociedad. Caracas, 1996.

[29] Moreno O. Alejandro. *El aro y la trama. Episteme, modernidad y pueblo*. Centro de Investigaciones populares (CIP). Caracas. 1993.

[30] Munford, Lewis: *La ciudad en la historia. Sus orígenes, transformaciones y perspectivas*. Editorial Infinito. Bs. As. Argentina.1966.

[31] Nietzsche, Friedrich: "Sobre el lector del cual yo tengo derecho a esperar algo". [En:] *Origen de la Tragedia*. Editorial Aguilar. Bs. As, 1953. pp. 111-117.

[32] Padua, José A. "Espacio público, intereses privados y política ambiental". [En:] *Revista Nueva Sociedad*. N° 122. Diciembre 1992 pp. 46-56.

[33] Parsons, Talcott. *La teoría de la acción social*. Alianza editorial. Madrid, 1990.

[34] Quijano, Aníbal. "Colonialidad del poder, eurocentrismo y América Latina". [En:] Edgardo Lander (comp.), *La colonialidad del saber: eurocentrismo y ciencias sociales*, Buenos Aires, CLACSO, 2000. pp. 12-16.

[35] Soto Hernando. *El otro Sendero*. Editorial Barranco. Lima, 1986.

[36] Subirats, Eduardo. *La modernidad truncada en América Latina*. Colección Cátedra de Estudios Avanzados. CIPOST/UCV. Caracas, 2001.

Parte V

5 Figuras del descentramiento urbano

5.1. Los parqueros de la ciudad

"Después que me botaron de la fábrica
me he dedicado a parquero, y no me
quejo mucho. Aquí a veces hago más de
donde estaba. De esto vivo yo y los
míos".

Metafóricamente, las ciudades parecieran encontrar su doble en
lo que hace a la rica ecología de los bosques tropicales, esto es, gustan y viven de otorgarle mucho lugar gracioso a ese extenso número
de colores, pieles, prácticas, actividades y modos de vida[1] indistin-
tos con los cuales finalmente arman y entregan unas estampas de
vitalidad profusamente multiculturales.

Por supuesto, el grosor de la diversidad urbana es de alguna manera proporcional a la historia, la dinámica, los actores, los recursos,
las agendas, la gobernanza, la moral, las exigencias, los cuidos y re-
celos que cada una de ellas posea, en tal sentido ordinariamente
vamos a estar encontrando ciudades más o menos boscosas que
otras. Ciudades como las nuestras (latinoamericanas) son de suyo
bien sui generis, muy espesas en su generosidad. En ningún caso las del "patio" resultan o se comportan peores ni mejores que
aquellas situadas en otras explanadas del mundo, sin que por este
mero reconocimiento antropológico dejemos de admitir el gran in-
flujo y los enormes impactos que en las nuestras, en especial en las
mentalidades e imaginarios de sus habitantes, han logrado causar,

---

[1] Las prácticas sociales heterogéneas que alberga la ciudad dan lugar o
son recipiendarias de formas, mentalidades, costumbres y hábitos de vida
bien particulares. En la ciudad no se vislumbra un exclusivo modo de vida
sino la coexistencia (pacifica o tensional) de varios de ellos.

primero, los pensamientos y determinadas ciudades metropolitanas de Europa como, en un segundo momento, el modo de vida de algunas ciudades de los Estados Unidos[2]. Sin ninguna pasión continentalista o regional, digamos que las nuestras son y poseen lo que enseñan porque se corresponden en buena medida (y nunca al calco) a modos y experiencias histórico- sociales y de producción cultural bien particulares, en tal sentido acaso podemos tomarlas como enteramente diferentes. Por lo demás, el feo ejercicio de las comparaciones entre unas y otras culturas quizás esconda una bendita manía cultural, todo un frondoso complejo de la inferioridad o de la superioridad de unas sobre otras. Enfermedades todas del alma y de unas determinadas sensibilidades cognitivas que en nada resultan benignas para la vida buena.

Grosso modo, bien sabemos que la mayoría de las urbes latinoamericanas se fueron estructurando a contracorriente, que muchas de ellas comenzaron a florecer y expandirse allí donde los caros apetitos de los diversos imperios conocidos del capital y la riqueza mundial dieron por instalar y prosperar, ipso facto, explotaciones mineras o de índole similar, del modo más raudo y violento posible[3], teniendo en reiteradas oportunidades por denominador común tanto la mirada como los mandos complacientes, de mucha obediencia, ofrecidos por unas ciertas voluntades oficiales criollas,

---

[2]Las tempranas adhesiones y vínculos forzados que el común de las formaciones sociales y culturales latinoamericanas han tenido con respecto a los mandos imperiales y coloniales foráneos, especialmente en lo atinente a sus ciudades, explica (en parte) el hecho según el cual, por ejemplo, ya desde finales del siglo XIX, ..."las nuestras -siguiendo a Rafael Cartay. Fábrica de Ciudadanos. La construcción de la sensibilidad urbana (Caracas 1870-1980). Caracas, Fundación Bigott 2003- intentaban parecerse a París (Caracas, por ejemplo, tenía ínfulas, hacia 1882, de ser una pequeña París, tanto en su arquitectura como en su manera de vestir, hablar y comer), pero terminaron siendo una caricatura ridícula de ciudad europea....y lo creyeron hasta que llegó la influencia estadounidense, y nuestras ciudades cambiaron de modelo, e intentaron, ahora, parecerse, caricaturescamente, a ciudades norteamericanas". 189.

[3]En nuestra América Latina, el género de "la literatura histórica" nos ha podido entregar toda una extensa biblioteca de autor, cuyos referentes más inmediatos en parte importante de suyo lo han constituido los prototipos de ciudades formadas al calor de las extensas e intensas explotaciones mineras (petróleo, oro, plata, carbón) que efectivamente hemos podido conocer. La novela del escritor venezolano Ramón, Díaz Sánchez. Mene, Caracas, 1990, es suficientemente ilustrativa al respecto.

quienes desde entonces se han venido reclamando como sus más inmediatos administradores o celadores.

Amén de lo expresado, la ansiada gobernanza de nuestros espacios públicos se ha hecho cuesta arriba motivado también a las tantas y tremendas resistencias que indistintamente venimos dejando observar sus ciudadanos respecto a no admitir más orden ni sentido de lo que ha de ser cada urbe y cada espacio público, si los mismos no están en alta correspondencia con el imaginario y la voluntad emanadas del cada quien.

Quizás por la presencia de tanta ausencia de política urbana y el imperio campante de los egoístas deseos del cada cual, es por lo que en nuestros lugares citadinos las legislaciones, decretos, ordenanza y planificaciones urbanas generadas recurrentemente, han y viven transmutado regularmente en un extenso lujo, en un decorado lingüístico o académico, sin más.

Entre ese caleidoscópico mundo de actores que a cada instante entran y salen del protagonismo estelar dentro de nuestras ciudades, complejizando, enriqueciendo y obstruyendo en gran parte su necesitada gobernabilidad y vivencialidad benigna, destacan visiblemente aquellas personas que, en adelante, estaremos nombrando como *parqueros citadinos*, suerte de todo un verdadero ejército de voluntades y sensibilidades humanas que, (mayormente) sin titulación ni autorización de nada ni de nadie, de pronto nos aparecen en cualquier espacio público externo (y hasta interno) dispuestos a ofrecernos, cual acto generoso, el lugar y el cuido de los respectivos vehículos automotores en los cuales circunstancialmente nos desplazamos.

A decir verdad, la existencia de *parqueros* en las ciudades no es un fenómeno propio ni de nuestros últimos días, pues ya desde que la cultura automotor comenzó a hacer sus primeras entradas y a distinguir el prototipo de ciudades modernas latinoamericanas, por extensión a la venezolana[4], invadiendo cada vez más los espa-

---

[4]Una de las clásicas obras de José. L. Romero. Latinoamérica: las ciudades y las ideas. Editorial Universidad de Antioquia/Medellín. Colombia, 1976, da cuenta pormenorizada de los modos como se fueron masificando y volviendo angustiosas y angustiantes las ciudades latinoamericanas, en especial por la introducción a ellas, y del modo menos inesperado posible, del populoso mundo automotor. En dicho espéculo nos dice que: "en un principio- en el shock originario- el número fue lo que alteró el carácter de la ciudad...el número sobrepasó las posibilidades del transporte urbano. Aumentaron los automóviles, desaparecieron los tranvías para ser reemplazados por más ágiles autobuses, pero a casi todas las horas, y es-

cios públicos con la presencia de automóviles, camionetas, camiones y autobuses, consumidores de altas cantidades de energías fósiles bien contaminantes, tales figuras comenzaron a descollar por cualquier lado donde se avistaran estos medios de transporte. La novedad está más bien en observar el crecimiento sumamente veloz y por doquier de las actividades parqueras y sus impactos, tal que no cuesta mucho dejar de encontrar a estos personajes en cual sea el sitio de tránsito y descanso que ofrezca la urbe, pues prácticamente en cada espacio urbano de dominio público, susceptible de volver zona abierta y apta para estacionar carros particulares, encontraremos continuamente a esta clase de pujantes actores *ad hoc*.

La vieja imagen paradigmática que por largo tiempo cultivara y diseminara por tantas partes un cierto pensamiento social, para el cual la comprensión de las sociedades modernas podían ser fácilmente obrada mediante la reducción de las diversidades poblaciones en apenas dos musculosas clases: la burguesía y el proletariado, cuando no en dos entidades corpóreas: la sociedad civil (política) y el Estado, hace aguas en nuestros tiempos, de cara a la emergencia de reveladoras e inusitadas actorías, de lo cual figuras como los parqueros son muestra indiscutible de una clase de sociedad vuelta enteramente lugar de espesa complejidad.

Investigaciones puntuales, especialmente de tipo histórico, demográfico, socioantropológico, etnoepistemológico y de otras magnitudes sobre esa cantidad de figuras citadinas que ahora van desarrollándose fuertemente en las ciudades, especialmente en las de gran tamaño y dinamismo, tales como los propios parqueros, los carpeteros, los cirqueros, las tribus juveniles, los carrucheros, los paragüeros, los cuerpos de sexo trashumantes, los pedigüeños, los graffiteros, entre otros, obtienen hoy de por sí una importancia, una valía y una urgencia cognoscitiva de grado sumamente meritorio y a compensación ,casi segura, de muchos destinatarios, tanto públicos

---

pecialmente en las de pico, hubo que contar con un rato largo para salir del centro...Dónde dejar un automóvil se transformó en una cosa generalmente más importante que aquello que se quería hacer cuando se emprendió la marcha en él". 422-23.

como privados[5], habida cuenta de las tantas carencias existentes y los tamaños impactos que van generando al respecto.

5.2. Las culturas parqueras

Las preferencias cognoscitivas por encontrar y relacionar prácticamente todo el mundo de la vida, en especial aquel de tenor social y societario sobre la dicotomía "causas/efectos" es parte de una larga tradición intelectiva que determinados pensamientos paradigmáticos, junto a su correlativa cultura del saber disciplinar, han logrado sembrar hace rato en nuestras plurales Américas, sobremanera en su pasillos y paraninfos académicos, en tal sentido es harto comprensible (y obstinante) que todo aquello vinculado y vinculante a la micro cultura parquera (en nuestro puntual caso) la hagamos depender inmediatamente del estado de debilidad que muestran las variables de economía y sociedad dentro de la ciudad en cuestión donde les estemos observando.

Así, una ligera lectura disciplinar, una sociología convencional, por ejemplo, sobre la figura de los parqueros nos va a informar que se trata preferentemente de personas excluidas de los campos laborales (o de instrucción) formales, las cuales ante las dificultades para asegurar nuevos empleos y trabajos convencionales, para continuar sus estudios, buscan paliar la satisfacción de sus necesidades de bienes y servicios urgidos, tanto de tipo individual como hogareños, mediante sus desempeños temporales como cuidadores de espacios callejeros citadinos para estacionar vehículos ajenos.

Conclusión fácil (dentro de dicho paradigma): Habrían parqueros en pleno desarrollo y visibilidad social en tanto las restricciones al trabajo y al estudio resulten cada vez más severas!

Habida cuenta que nos sigue faltando el dato demográfico puntual antes reconocido y en virtud de los variados encuentros y conversaciones fraternas que hemos ido teniendo con alguna regularidad con muchas de estas figuras de anonimato (nada disciplinadas ni disciplinares), es por lo que para la comprensión de este tipo de casos vamos sacando en limpio que no siempre pareciera aplicar la condición variable de personas sin empleo fijo o la dificultad para

---

[5]Los viejos saberes disciplinares, en especial la sociología, parecieran encontrar en este tipo de microfísicas nuevos referentes e insumos para reanimar y revivir sus respectivos y decolorados horizontes cognoscitivos y epistemológicos, habida cuenta del derrumbe o extravío de sus tradicionales figuras de saber (sujeto, historia, sociedad, etc.).

acceder a cualquier trabajo formalmente remunerado, aquello que les empuja céleremente a volverse parqueros.

Sin querer desestimar del todo la fea tradición cognoscitiva arriba informada, hemos sin embargo de señalar que ese raudo crecimiento de la economía informal o popular[6] que en Venezuela venimos conociendo en el curso de los últimos años, de lo cual los parqueros y las parqueras son apenas un claro lunar *in situ*, ciertamente pareciera estar bastante correlacionado con el estado de precariedad, indisciplina y castigos que, en general, han venido vivenciando las capacidades productivas legítimamente instaladas en el país, respecto a lo cual tanto la revolución en curso como la oposición en marcha entregan frecuentemente sendos informes explicativos, más sin embargo queremos agregar a ello que las "economías de margen" o descentradas parecieran corresponderse con algo más que meras restricciones en los empleos institucionalizados que convencionalmente conocemos.

Quizás sea esa capacidad olfativa e intuitiva levantada por muchas personas sobre el clima de derrumbes de las convenciones y de los sentidos modernos respecto a lo que traducía y ahora van traduciendo dimensiones y prácticas tales como: trabajo, producción, comercio, negocios, acumulación, estudio, enriquecimiento y vida próspera lo que en parte explique el auge o frenesí de un sinfín de microeconomías, micro empresarios y micro culturas que a cada instante nos aparecen por aquí y por allá, en cuyas praderas muchos de nosotros (y otros-otras) vamos de alguna manera acomodándonos como todos unos perfectos "colaboracionistas[7]".

---

[6]La llamada economía informal ha venido siendo objeto y sujeto de distintas intervenciones cognoscitivas, al extremo que sobre ella abundan cualquier cantidad de definiciones. A favor de la historia y genealogía comprensiva del asunto en América Latina observo muy meritorio el trabajo producido un par de años atrás por los cientistas colombianos N. Gómez y A. Borráez. Apuntes sobre la economía informal. Caso Medellín. Aparecido en: Semestre Económico, vol. 8, No. 15, enero-junio, Universidad de Medellín, Colombia, 2005. 31-46.

[7]Aquella fea cultura de vivir responsabilizando a los parqueros o parqueras por ser bien contributivos respecto al estado de ingobernabilidad urbana que vamos día a día viviendo, esconde esa otra irresponsabilidad nuestra sobre la calidad de ciudad que efectivamente tenemos, pues hay parqueros del tipo indicados en tanto nosotros y nosotras somos de los primeros en colocar nuestros particulares vehículos justamente allí donde ilegalmente ellos nos indican.

Es bueno indicar que ese montón de palabras apiñadas en vocablos luctuosos como "crisis", "fin" "muerte", "término", "derrumbe" o "agotamiento" de la experiencia histórica y civilizacional conocida como modernidad, no nacieron primero de los intelectuales para luego ir, cual dinamita solidaria, a animar el larvado y florecimiento de las prácticas sociales descentradas e insurgentes que estamos procurando considerar, al contrario, fueron estas últimas las que comenzaron a implotar por tantas parte del cuerpo societario propio y foráneo, expresado en dudas, pérdida de fe, desesperanza, incredulidad vivida en carne y hueso por mucha gente respecto a los tantos incumplimientos mostrados por los discursos y comportamientos de dimensiones puntuales (modernas) tales como el trabajo, la educación, la política, el comercio, la salud, las que a posteriori, cual laboratorio, dieron a pensar a los amigos intelectuales.

Por supuesto, las actitudes de escasa vigilancia, seguimiento y control reiteradamente manifestadas por los gobernantes locales, sean del signo ideopolítico que fueren, aunado a una fuerte indiferencia y complicidad ciudadana sobre el caro compendio de lugares y acciones "ilegales" que se realizan a cada instante en las urbes, han ayudado en mucho para que cualquier persona no repare en casi nada a la hora de montar su versátil empresa "posmoderna" en donde más le parezca.

Por lo demás, las duras exigencias puestas por el comercio histórico y la acumulación capitalista en este tipo de nacientes (prósperas), parecen haber sido un tanto borradas.

Esa inocultable indiferencia de la institucionalidad política y administrativa (venezolana en nuestro caso), llámese Asamblea Nacional, ministerios, gobernaciones, alcaldías, Concejos Municipales, juntas parroquiales, Concejos Comunales, para con los tantos descentrados que a cada instante florecen, hasta llegar literalmente a insubordinarse dentro de nuestras urbes, pareciera no ser siempre tal, pues en demasiadas oportunidades hemos sido testigos, cuando no bien informados, de cómo ingentes cantidades de buhoneros, cirqueros, parqueros, carrucheros, quincallas humanas y otros tantos, llegan a situarse y desplazarse por sus lugares de destino habitual, con las frecuencias que lo hacen, gracias a la venia, la admisión y la "solidaridad" otorgada por unas cuantas de dichas entidades públicas y de unas ciertas voluntades adscritas a ese regio funcionariato que les cobijan.

En tales juegos de ilegalidad y de complacencias políticas, las ganancias parecen ir siendo mutuas aunque desiguales, pues tanto los descentrados como los funcionarios y actores políticos incursos en tales faenas ilegales algo sacan de ello para sus respectivas carteras, agendas y horizontes.

En buena medida el acto de parquear carros se va instituyendo ya como una atractiva actividad económica para muchos y muchas personas, pues conduce inmediatamente, sin mayores enredos, al aseguramiento de unas ciertas (y no tan modestas) cantidades de dinero diarias, con las cuales el parquero y su familia pueden asegurar tanto unas determinadas alimentaciones como el acceso y disfrute a unos servicios mínimos, en consecuencia mucha población negada a participar del consumo capitalista por los medios habituales, vuelve de pronto a reinsertarse en él, sin más ética que la informada por una sociedad que ve en la pragmática de la liviandad social, política y cultural de nuestros días un-otro-perfecto seguro de vida.

El picante y complejo asunto que ponen en juego ahora las prácticas sociales descentradas (como las de los parqueros) parece residir en eso de saber reconocer que tales desempeños les va resultando bien atractivos, rentables y beneficiosos a unos ciertos segmentos de nuestra población social, de lo cual se saca en limpio que muchas veces ya no es tan automático el querer canjearles oportunidades de empleos estables o estudios del tipo socialmente estandarizados, a cambio que abandonen sus nuevos oficios y perspectivas de vida en franco apogeo.

El viejo Mario Amundaray, parquero muy popular que gravita desde hace un par de años por los alrededores de Parque Aragua, en Maracay-Venezuela, me hacía saber hace poco y en este sentido que:

> Que va profe, usted va a encontrar en esto a gente que en verdá está sin trabajo, que van a la fábrica y los tienen esperando desde hace mucho en el portón pero también hay como Arturo, aquel muchacho que parquea en la esquina, que si tiene trabajo y se viene pa'ca cada vez que puede. No ve que algo levanta pa'completá.

> Amén de las variables empleo o complemento de dinero, los desempeños como parquero van encontrando en la vera del camino muchísimos cuerpos humanos con voluntades de sumarse a tal clase de trabajo, una vez que no existe en tales prácticas una institución, un patrón o alguien a la distancia a quien se le deban rendir cuentas diarias de horario y presencias laborales puntuales.

5.3. Misceláneas parqueras

Los trabajos del tipo parqueros al ser de sazón e iniciativa estrictamente personal, cónsonos con lo que informan las actividades descecentradas en general, tienen, como toda actividad de naturaleza propia e informal, la suerte de tener unos tiempos y ritmos laborales a la medida, el gusto y el deseo de quien ha decidido rendirlos a voluntad de sí mismos.

Genéricamente, cada parquero determina los lugares y horarios a conveniencia de cada cual, ello les otorga en teoría una flexibilidad de rutina con apariencia bien mayúscula.

Por supuesto, tanta libertad de trabajo pareciera encontrar su contra o enemistad en esa otra persona que igual anda queriendo iniciarse en tales lides, pues bien resulte que aquel lugar donde parquea no lo consigue ya tan atractivo o sencillamente porque este o aquel parquero se obstinó de trabajar en la zona tradicionalmente tomada y, sin más o por más, decidió probar su suerte en otro ambiente.

Cierto es que también la tradición urbana algo aporta para que unos y otros parqueros respeten circunstancialmente los tantos ambientes tomados previamente por cada uno, sin embargo a la más mínima "falta de asistencia" por cualquiera de estas personas a los mismos, es más que suficiente para que "al otro día" esté establecido en ellos, cual propietario o inquilino, uno u otro viejo o nuevo parquero[8].

La libertad de establecer los días, las horas y microgeografías para que una determinada persona se desempeñe como parquero, si bien resulta beneficiosa a cada voluntad, muy moldeable a sus necesidades y disposiciones del tiempo de trabajo que guste emplear convenientemente, también es libertad y flexibilidad que ha dado y da motivos para que a lo interno de dicha tribu se presenten y gasten las más fuertes tensiones y pugnacidades, las cuales no siempre entregan sumas de máxima felicidad entre sus participantes.

Insistimos, el olvido, la falta de seguimiento, atención y vigilancia institucional y de la ciudadanía en general hacia aquellas áreas

---

[8]Aquí destacamos el hecho conforme al cual, por ejemplo, la amistad entre parqueros contribuye para que durante ciertas ausencias mostradas por alguno de ellos a su respectiva zona de trabajo, la misma sea suplida inmediatamente por aquel pana que si vino ese día a parquear, estando alerta y rechazando la posible invasión del desconocido sobre el lugar de su vecino.

consideradas públicas y/o de todos, ha posibilitado para que las mismas vayan siendo velozmente redistribuidas y/o "tomadas por asalto" por esa clase de personas, las cuales van viendo en su pretendida custodia, esa suerte de "nuevas zonas productivas", sin nada de inversiones o mayores complicaciones burocráticas que les van apareciendo en sus horizontes.

Quizás, porque efectivamente existen un considerable número de áreas públicas en la completa intemperie, sin ninguna protección ni vigilia institucional y ciudadana, es por lo que tras su apropiación, control y disfrute un apreciable número de personas se avocan a tomar posesión de ellas, lo cual, obvio está, impone aquella ruda ley selvática dentro de las urbes, indicativa de que "el más fuerte", "el más vivo" o el "más cacique" es quien se queda finalmente allí como parquero[9].

La vida o cultura parquera no resulta en casi nada ajena a la producción de conflictos, al enclinchamiento y derivación de situaciones un tanto álgidas, hasta peligrosas, para el grueso de número de personas que, voluntaria e involuntariamente, terminan sumidas en tales prácticas.

Tal generación problemática incorpora y distingue, de una parte, a las personas propiamente parqueras, entre los cuales, tal como lo expusimos sucintamente antes, las diatribas son suelen presentarse con bastante regularidad, llegando muchas veces a situaciones extremas, de la otra, a los llamados "clientes" o usuarios de los lugares que han comenzado a ser tomados por los parqueros.

Respecto a las pujas y conflictos de expresa incumbencia parquera (solo entre parqueros), la resolución de los mismos, tiende a ser bien singular.

Prácticamente todos los parqueros saben que no hay manera ni derecho de acudir a "pleitar" sus diatribas a órganos públicos jurisdiccionales, que tales actos y derechos no están amparados legalmente en ningún lugar, en consecuencia, en momentos de coyuntura, a unos y a otros nos les queda otra que echarle mano urgente a tácticas y estrategias políticas e impolíticas, tales como a las con-

---

[9] En limpio, vamos sacando que la dura ley selvática es casi que la única (ley) que nos va quedando a los ciudadanos para continuar guarneciéndonos en la ciudad, pues ¿qué otra máxima, que no sea la del "más fuerte", el que "más tiene" o el que "más pueda" es la que hoy día va predominando en las calles, en las aceras, en las plazas, en los centros de estudio, en los espacios residenciales, en la TV, en el consumo o en la política que efectivamente tenemos?

versas, señas, diálogos y discusiones, y cuando estas no dan ningún resultado, la lógica de la fuerza y la violencia cruda entre los involucrados hace su entrada campal y triunfante.

El bueno de Mario me ha indicado que:

> ...claro que nosotros tenemos peleas, a veces más a veces no se dan, pero aquí hay mucho vivo. No ve que si uno deja unos diitas sin venir por aquí, porque estaba ocupado en otros menesteres, de golpe ya hay otro individuo poniéndose donde uno ha estado. Ya no respetan. Bueno, por eso comenzamos a hablar pero, ¡que va!, cuando no se puede, viene la pelea, hasta con pistolas y cuchillos, o lo que cada quien saque.

En nuestras internaciones citadinas por las culturas parqueras, hemos también logrado conocer, de la voz directa de una extensa cantidad de conductores, las molestias, los enojos y reclamos que estos han llegado a manifestar con los parqueros, por lo que consideran "un verdadero abuso", respecto al pedido de dinero que les hacen cada vez que estacionan sus carros en un mismo lugar.

Bien sabemos que en nuestras urbes, el diligenciar asuntos privados, ese ir y venir a cualquier ambiente en búsqueda de lo necesitado, especialmente de productos para la familia, se nos va convirtiendo en una espantosa rutina, la cual nos hace regresar muchas veces al sitio original donde recién compráramos, a obtener aquello que olvidamos, o "eso otro" que de último momento se nos antojó, recién llegados a casa.

Pues bien, si, por ejemplo, a las 8 am estuvimos en la panadería, y al salir le entregamos al parquero unos diez bolívares por el presunto cuido de nuestro carro, volviendo a tal sitio veinte o treinta minutos después, y al pretender marcharnos no le volvemos a otorgar dinero al visible cuidador de carros, lo más seguro es observar el fuerte enojo de este para con ese conductor o conductora en cuestión.

Situación que igual la vamos viviendo y sufriendo, con independencia del tiempo que tengamos el carro aparcado o de si cuando llegamos a dicho lugar, estaba presente en verdad parquero alguno.

La señora Julia Ordoñez, asidua visitante del abasto mayor que se encuentra localizado en las adyacencias al espacio donde tiene establecida su residencia, me cuenta al respecto que:

> Ay amigo, que te puedo decir. Estos tipos son una verdadera pesadilla. Yo vivo a cada rato peleando con ellos, y eso que la mayoría de las veces les doy la propina...Mire, ya me ha pasado varia veces que voy a ese abasto a comprar, y luego tengo que volver. Cuando me vengo le digo al tipo que parquea que hace rato ya le di la propina, pero que va,

entonces como no le vuelvo a dar, pone cara de perro, a veces hasta me da miedo volver a estacionarme allí... pero es que eso es libre. *La economía de los parqueros* resulta bien heterogénea. Aquella cantidad de dinero que cada quien saque para sí, está en función del encuentro y conjugación de distintas variables, incluida esa que se encuentra situada en los predios de la suerte, cuyo lema en estos casos es del tipo: "hoy fue un día especial", "hoy tuve mucha suerte".

Una vez que el parquero es dueño y señor de su tiempo de trabajo, en modo importante el dinero que este obtenga es de tenor diario o, mejor aún, está en correspondencia a lo que cada persona conductora de vehículo decida entregarle como contribución por el cuido de su carro, como en la sagacidad apelada para solicitar el mismo observa cada parquero ante lo que pareciera resultar su casi obligada "clientela".

Hay parqueros que su desempeño lo cumplen por más de siete horas diarias y hasta de lunes a domingo, en cambio otros lo hacen por menos horas y menos días. Un mismo parquero de pronto labora un día completo y deja uno o más días sin ir a su función, hecho que vuelve muy impreciso e indeterminado el saber las regularidades y frecuencias de tiempo que ciertamente dichas personas entregan a tal faena.

En la misma cadena de complejidad entran los sitios que hace suyo cada parquero, pues existen aquellos espacios que por su ubicación y por el tipo de personas y vehículos que en ellos estacionan, son como más proclives a dejar mejores contribuciones que otros y en otros.

Jaime Ordiales, parquero que tiene su franja de estacionamiento por los predios de la zona bancaria de la avenida Las Delicias (Maracay) en este sentido me llegó a decir que:

"Profe, le digo nada más la verdaita, yo hay veces que saco hasta trescientos o cuatrocientos bolívares (fuertes), claro, viniéndome tempranito y me voy ya casi en la nochecita. Bueno, también como que depende del día. Yo a veces paso aquí el mismo tiempo y me llevo menos. Como todo, hay días malos y buenos. A veces me pasa que solo trabajo una mañana y me llevo a esa hora como cien, como ochenta, unas veces nada más como 20 o treinta (bolívares)…pero mire, usted no me va a creer, una vez me llevé en el día como casi un *palo* completo".

Llama poderosamente la atención las disposiciones y actuaciones que van teniendo los parqueros respecto a los modos de obtención del dinero que perciben.

Diera la impresión que tales personajes están bien abiertos a recibir aquel (cualquier) metálico que por sus acciones le entregue, cual retribución ad hoc, el conductor del vehículo en cuestión, sin embargo, tal impresión mucha veces se nos borra casi inmediatamente, una vez que constatamos el lanzamiento de un dije o la producción de un tono de insatisfacción de este, despachado para con el respectivo "contribuyente", ya que no le viene bien a su juicio y gusto el monto del dinero recibido en cuestión.

Es como si la cantidad de dinero otorgado o las palabras espetadas por los conductores que en sus franjas estacionaron sus respectivos transportes no le resultaran muy ajustadas a su criterio tarifario[10]. Las meras gracias que algún desprevenido conductor otorgue a estos personajes no obtienen por sí mismos mucha valoración en este tipo de actores emergentes e invisiblizados.

Quien deja en tales lugares su propio vehículo por unas determinadas horas y no entrega al parquero el equivalente en dinero a lo que pagaría en uno de tipo privado, debe seguidamente prepararse para recibir, sin mucha piedad, desde una mirada toda llena de desprecio hasta el más expresivo recordatorio de su progenitora.

Los sexos y las edades tampoco están del todo determinados en las actividades de los parqueros. No hay un estatuto único que disponga el sexo como los años que debe tener aquella persona que opte por cumplir tales acciones.

Ciertamente en cualquier "estacionamiento" observamos tanto a hombres como mujeres con edades avanzadas, medias o llanamente muchachos ejerciendo tales rutinas, sin embargo, los recorridos que demasiadas veces hemos hecho por las ciudades, nos dejan apreciar que, en su mayoría, son los jóvenes, más o menos con edades promedio entre los veinte y treinta años y de sexo masculino, las personas que más destacan en estas labores.

_____

[10]La conflictividad entre parqueros y conductores que estacionan sus carros en territorios de los primeros ya se va dejando asomar de maneras reiteradas en muchos espacios de nuestras tantas ciudades. Las desavenencias bien sea por el dinero que unas personas le dan al parquero y que este considera poco como en virtud de algún rayón o hurto de objetos dejados y observados por los conductores al momento que estacionan sus carros, lo cual inmediatamente buscan hacérselo saber a dicho personaje, es motivo suficiente para que tan voluntario colaborador de lo público se enoje inmediatamente, se desculpabilice plenamente, a lo cual le siguen discusiones y enclinchamientos fuertes entre ambos, sin solución posible.

Las educaciones y/o instrucciones que logran mostrar los parqueros en sus rutas jornaleras citadinas, suelen resultar muy variadas.

De acuerdo a las conversas sostenidas con cantidad de ellos pudimos apreciar cómo, en la gran mayoría, se trata de personas sin ningún tipo de titulación formal, que en casi todos los casos fueron algunos años a la escuela pero, que casi en ningún momento, llegaron a terminar los estudios de la primera y segunda escolaridad que matricularon.

Claro -me dice el parquero Afanador- yo conozco panitas que hasta son bachilleres. Esto de verdad no tiene título. Usted si necesita plata y no tiene trabajo, ya está, se viene paca y trabaja como uno. Uno aquí hace hasta muchas veces más de lo que gana un señorito de esos que han estudiao". En verdad si estudie algo pero, ¡que va!, no logré terminar...de pronto sigo ahora en una de esas misiones de Chávez.

La indumentaria de los parqueros generalmente es la que corresponde a la vestimenta que cada quien decida, guste y logre colocarle a su cuerpo diariamente.

Aquí nos llama la atención el hecho de ir encontrando en tales personajes, cada vez más, unos ciertos modos de uniformizar algunas partes de su ropaje diario. Me refiero al como unos y otros, sin que nadie se los exija y prácticamente sin ponerse de acuerdo, van colocando sobre sus camisas o franelas ese tipo de chalecos que, a semejanza de los que utilizan en las vías públicas los fiscales de tránsito, les permiten asegurar alguna distinción o reconocimiento como tales.

En reiteradas oportunidades los parqueros hacen acompañar sus chalecos con un pito, así, con tal sonoridad van otorgando aviso y ayuda a ese conductor(a) que recién llega o quiere salir de los predios donde ha dejado su carro.

Hay, incluso, aquellos que, junto al chaleco y el pito, lustran sus cabezas con gorras o, cascos, que andan concuerdas de nylon grueso y conos fluorescentes para demarcar visiblemente sus respectivos territorios viales, pues recordemos que socialmente se nos ha dicho que en el uniforme que se vista y cómo se vista puede reconocerse el decoro de la gente. Tal asunto pareciera presentirlo, saberlo o imitarlo el parquero.

La vida del parquero no es para nada solitaria ni totalmente individualizada, tal como nos diera la impresión., pues ya va siendo común saber y observar como estos, en el menor momento posible o cada vez que el ajetreo de carros y propietarios les entrega la oportunidad de gozar de "tiempo libre", acuden a buscar y desarrollar modos y formas de encuentro y recreación entre quienes comparten y compiten "garajes, al punto tal que en más de una ocasión llegan a fomentar *in situ* verdaderos y nuevos lazos de amistad, conformando entre si determinadas experiencias tribales, al estilo de las informadas en otros lugares por Maffesoli (2004).

La misma cultura del *ensimismamiento posmoderno* (Bauman, 2002), que nos dejan observar cotidianamente en sus tantos ambientes aquellos continentes de hombres y mujeres citadinos, con vista a los usos intensivos que viven haciendo callejeramente con sus celulares, tecleando o revisando a cada momento en su diminuta pantallas, las "buenas nuevas" circuladas por sus panas en las redes sociales, no es ajena a la cultura de los parqueros que hemos llegado a distinguir.

Cuando las socialidades no son posmodernas, prosperan encuentros que muchas veces traspasan a sus ejercicios laborales, pues en varias oportunidades deciden tanto suspender sus faenas como querer encontrarse fuera de ellas.

Bien sea mediante la comunicación digital producida intempestivamente, o a través de los breves roces físicos que consiguen alcanzar entre unos y otros, nuestros nuevos amigos de la ciudad, pronto deciden reunirse en lugares y *"no lugares"* Augé[11], distintos a donde cumplen sus funciones laborales, a objeto de charlas y "brindar" por lo uno y lo otro que les ocupa.

Ramón Iriarte, parquero de la plaza de La Soledad (Maracay) me hacía saber en unos amenos diálogos que:

> Cuando yo llegué nuevo aquí ya había un chamo parqueando, al tiempo nos hicimos panas. El me ayuda y yo le ayudo. Mire, ya varias veces nos hemos ido pa'la playa. Bueno, en estos días fuimos con otros panas que parquean por el mercado libre y otros que no son de la zona a un juego de los tigres. En ese estadio gozamos burda. Una vez nos reunimos como siete parqueros en una rumbita y hasta hablamos de formar como un sindicato, ¿cómo le parece?

En paralelo, encontramos que la sociedad misma a la cual se corresponden los parqueros, en especial aquella donde tienen establecidas sus residencias y familias, así como también las propias instituciones públicas y privadas que en ella se localizan, encuentran en esta clase de personas y en esta modalidad de desempeños, formas de escape y desagüe a sus muchas demandas de empleo y de otros tantos servicios, pues tales actores han ido aprendiendo, por

---

[11]Marc, Augé. Los no lugares. Espacios del anonimato. Barcelona, 2000, Editorial, Editorial Gedisa.

la fuerza de las circunstancias y de la experiencia que de ello van sacando, a ser cada vez menos dependientes de patrones y organizaciones burocráticas o de otras instancias productivas. Quizás sin proponérselos los parqueros van volviéndose sujetos cada vez más soberanos y con ello larvando toda una guerrilla armada de jóvenes y viejos, hombres y mujeres bien útiles para una vida urbana clamada cada vez más de muchos tributos y tributadores buenos. La figura del tipo de parqueros que estamos considerando ha resultado ya tan visible y sonora que no nos resulta tan sorpresiva la colocación reciente en la mediática, especialmente en la televisión, de un par de las cuñas publicitarias más sonadas y vistosas que hemos tenido en la Venezuela contemporánea de los últimos años, en cuya locación destacan, en una, un jovial parquero espetando a una dama el siguiente single: "dale pa'lante mi doña, dale pa'tras…bella tu, bello tu carro", en tanto que en la otra distinguimos a una vengativa y celosa esposa orientando a su esposo en el manejo hacia atrás del camión que conduce, el cual gracias a la información que intencionadamente le da su mujer, finalmente termina estrellándolo contra una maravillosa moto "Empire".

Como colofón de esta rápida incursión etnoepistemológica por la ciudad y la microfísica de los parqueros, digamos que al fondo de la actividad de pretendido cuido del vehículo que mi amigo(a) conductor(a) decidió jugar y entregar con y a tales personas, no queda legalmente ninguna garantía de nada, de allí que un posible rayón, hurto de piezas o robo del mismo carro, no encontrará en el parquero asunción de responsabilidad alguna, pues acaso (si lo encuentra) este le musitara, en tono algo grave y con cuerpo muy circunspecto, un breve parlamento del tipo: …"eso estaba así cuando usted se estacionó, yo no tengo culpa", "yo no vi nada".

Si usted, amiga o amigo lector, es de esa clase de personas que por su ligereza y practicidad vive acudiendo con alguna regularidad a tales lugares y personas, o lo hace por mero accidente, apreste se de antemano a correr con la suerte que ello y ellos nos deparan, pues en tales pliegues citadinos no todo ni todas las almas y voluntades que le conforman y nos regalan sus aparentes gentilezas y disponibilidades de tiempo, son enteramente malas o buenas, pues, como todo en la vida, también en esos espacios hay parqueros dignos y responsables, a cambio que otros, no tanto.

Referencias

[1] Augé, Marc. (2000) *Los no lugares. Espacios del anonimato.* Editorial Gedisa. Barcelona/España.

[2] Bauman, Zygmunt. (2002) *Modernidad líquida.* Fondo de Cultura Económica. S.A., Buenos Aires.

[3] Cartay, Rafael. (2003) *Fábrica de Ciudadanos. La construcción de la sensibilidad urbana* (Caracas 1870-1980). Fundación Bigott. Caracas.

[4] Díaz Sánchez, Ramón. (1990) *Mene.* Monte Ávila Editores. Caracas.

[5] Gómez N., Luis G., Gómez A. y Borráez Á. (2005) "Apuntes sobre la economía informal. Caso Medellín". [En:] *Semestre Económico*, Vol. 8, núm. 15, enero-junio, 2005, pp. 31-46 Universidad de Medellín. Colombia.

[6] Mafffesoli, Michel. (2004) *El tiempo de las tribus. El ocaso del individualismo en las sociedades contemporáneas.* Editorial Siglo XXI. México.

[7] Romero, José L. (1976) *Latinoamérica: las ciudades y las ideas.* Editorial Universidad de Antioquia/Medellín. Colombia.

5.4. Los carpeteros de la ciudad

> En las porosidades de las urbes también
> se juega la vida de mucha gente recluida
> en las figuras del anonimato. Allí el trazo
> de tácticas y estrategias, cual acto de
> guerra, no se hacen de mucha espera
> pues, de otro modo, sus afables
> residentes olfatean que pronto sus
> inmediatas vidas pueden quedar
> suspendidas.

En otros lugares de reflexión contiguos a la cultura urbana, hemos dicho[12] que la ciudad se hace de distintos modos posibles, que no siempre ella visibiliza y muestra con total transparencia todo aquello que, para bien o para mal, le nutre y vigoriza, en tal sentido la ciudad vivida en nuestra última experiencia temporo-espacial (la modernidad), resulta notoria y expresamente centrada, tiene centro, bien sea este del tipo epistemológico, político, económico, religioso, geográfico, cultural o histórico, pero de igual modo gustan hacerse acompañar (cada vez más) de muchos "laterales", esto es, de "lugares de margen", en cuyos lomos campean figuras citadinas que pronto van llamando nuestras miradas y atenciones, gratuitas u obligatorias.

Sabemos que cualquier hermenéutica posible que avancemos sobre ella, casi siempre dejará fuera de sus anteojos muchas de las cosas, tramas y vicisitudes que en tal sociogeografía tienden regularmente a recrearse, por lo cual toda representación que avancemos y presentemos (de ella), comúnmente nos va a resultar como muy incompleta[13], pues son justamente las figuras, los personajes, los acontecimientos y las cadencias que ocurren en dichos pliegues,

---

[12]Me refiero al texto de Edgar Balaguera. Cultura terminal. Etnoepistemología de los espacios citadinos, México, 2013. Revista Interpretextos, N° 8. Universidad de Colima. 90-100.

[13]Generalmente en las competencias ciclísticas, tanto amateur como profesionales, se llegan a observar a ciertos competidores que no teniendo al momento mayores fuerzas musculares para colocarse en posiciones privilegiadas de la misma, o bien como parte de una determinada estrategia urdida por su técnico, buscan colocarse detrás (en perfecta "fila india") de los competidores que marchan en punta, buscando con ello no gastar mayores energías y así reservar sus fuerzas para puntos o momentos mucho más cru-

los aspectos más fáciles de recoger cuando tratamos de querer mostrar cualquier valoración de la las vidas y acontecimientos citadinos.

En el mundo de la vida *descentrada* que prosperan las urbes, nos merecen atención de mirada reflexiva en esta oportunidad una de esas figuras que tal vez nunca se nos van a revelar como figura fuertes o actores principales de casi nada, y sí de mucho anonimato[14], más sin embargo dada la cantidad de rugosidades y vistosidades que ellos y ellas destellan consuetudinariamente, hacen que ya comencemos a ocuparnos de las mismas.

Me manera directa me estoy refiriendo a esa tipo de personas (y personajes) que, cual mariscal de campo, viven armando y trazando un conjunto de "tácticas y estrategias" contingentes a bien de no salirse de la "rueda urbana", por no dejarse expulsar de la ciudad, habida cuenta de la limitaciones que ella coloca a quienes indistintamente nos reclamamos sus más inmediatos y diferentes residentes, especialmente cuando no andamos muy solventes para resistir algunas de sus duras exigencias de vida ordinaria.

Comienzo a hablar ya de la presencia, generalmente en vivo y en directo, de los *cuerpos anexados* o *con anexos* y de los *cuerpo parlantes* o *retóricos* que muy creativa y astutamente ponen en movimiento por las tantas estancias y pasarelas citadinas, ciertas y determinadas personas, con pertenencias sociales venidas preferiblemente del campo popular o de los excluidos eternos.

Figuras estas a las cuales les estaremos nombrando -en adelante- también como *carpeteros* o *carpeteras*, muy a conciencia de presumir la existencia real de unas ciertas distancias entre los cuerpos retóricos en general y los últimos que estamos ya nombrando.

Quizás podamos pensar que estas presencias apelan ordinariamente a colocar en juego público un extenso número de ingeniosas performatividades, bien sea de manera individual o en compañía, a objeto último de ser mínimamente exitosos, de proseguir, en jerga de la competencia ciclística: "chupando rueda"[15] dentro de la ciu-

---

ciales y determinantes de la carrera. El çhupar rueda"le ha sido altamente beneficioso a más de un competidor del excitante mundo del calapie.

[14]Como recordamos, las figuras de anonimato nos lucen bien trabajadas dentro de la antropología que desarrolla Marc Auge. Los no lugares. Espacios del anonimato. Barcelona, 2000. Editorial Gedisa.

[15]Generalmente en las competencias ciclísticas, tanto amateur como profesionales, se llegan a observar a ciertos competidores que no teniendo al momento mayores fuerzas musculares para colocarse en posiciones privilegiadas de la misma, o bien como parte de una determinada estrategia urdida por su técnico, buscan colocarse detrás (en perfecta "fila india") de los

dad donde tienen establecidas sus residencias y frecuencias, tal vez para continuar sobreviviendo en ellas.

Ya en la vida citadina, en especial en esos sitios que son reconocidos por su alta afluencia y circulación de transeúntes, bien sea en ciertas esquinas o puntos de semáforos; en plazas abiertas, terminales, aeropuertos y, muy particularmente, dentro de las unidades del transporte público intraurbano y extraurbano (autobuses, camionetas), los peatones o conductores de pronto somos sorprendidas por la presencia intempestiva de unos prójimos humanos que inmediatamente se nos vuelven de mirada y atención más que obligada.

Digamos ligeramente que tanto los modos como las formas en que dichas personas tienden públicamente a presentársenos, difícilmente nos vuelven indiferentes hacia las mismas, pues la mayor de las ocasiones alardean de varias y hasta ocurrentes escenificaciones, independientemente de que aquello presentado sea verdadero o falso, original o copia.

Dentro de lo que aquí estamos llamando *carpeteros* o *carpeteras* destacamos a personas que, antes de sus puestas en escena, dejan ver y observar abiertamente *unas presuntas* y determinadas afecciones, discapacidades, enfermedades, debilidades u otras tantas deficiencias o limitaciones en sus disímiles y estropeados cuerpos, los cuales nos son mostrados inmediatamente a quemarropa, sin mucho chance para evadirles.

En un viaje por la ciudad, un día cualquiera y a una hora cualquiera, seguramente tanto usted (mi querido lector) como yo, bien sea que andemos a pie, de pasajeros o en nuestros particulares vehículos, y en virtud de las leyes de tránsito urbanas dispuestas, de inmediato nos vemos obligados a detenernos en una esquina de semáforo, a desplazarnos muy lentamente por esta o aquella calle o avenida, o a subirnos en la respectiva unidad, y allí, cual sorpresa, alguien de *ipso facto* procura detenernos para, seguidamente, pasar a mostrarnos, sin mayores aspavientos, por ejemplo, toda una cara con apariencia ulcerosa, una pierna cortada, un brazo totalmente desprendido, un ojo tremendamente rojizo e hinchado, salido de su lugar natural, unas manos extremadamente laceradas, un estómago sangrante, producto de la perforación de una bala o por un arma blanca, etc. para, acto seguido, el recuento espetado por él

---

competidores que marchan en punta, buscando con ello no gastar mayores energías y así reservar sus fuerzas para puntos o momentos mucho más cruciales y determinantes de la carrera. El çhupar rueda"le ha sido altamente beneficioso a más de un competidor del excitante mundo del calapie.

o ella respecto a la (su) situación personal por la cual está ahora atravesando.

En los breves e intencionados encuentros etnoepistemológicos que vivimos realizado con algunos de los tantos peatones, conductores o pasajeros, estos nos informan que de pronto tales personajes se les vienen literalmente encima para procurar hacerles seguidamente una rapsodia, por lo demás demasiado lastimera y penosa, de lo sucedido a su puntual esquelética, lo cual, aseguran, le es motivo suficiente para no desplegar comportamientos y actividades urbanas de esas que solemos calificar como "normales".

Cuando tales cuerpos malogrados, los carpeteros logran instalarse dentro de los transportes públicos masivos, generalmente casi que ya la unidad está llena de usuarios el palabreo que reiteradamente y casi en común les colocan a los usuarios, más o menos comporta los siguientes "hilos musicales":

Caso "A":
Muuuuy, pero muuuy buenos días señores pasajeros... horita, como ustedes me ven, estoy obligado a llamar su atención en vista que en días pasados, yendo a mi casa, me dieron unos tiros en el estomago. Ahora me encuentro sin trabajo, tengo tres hijos y no tengo para comprar las medicinas que me mandaron en el hospital... es por eso que les pido una colaboración... muchas gracias.

Caso "B":
Bueeenas, pero muy buenas tardes tengan todos ustedes, señores pasajeros. Les molesto la atención para pedirles una colaboración para poder comprá las medicinas que el dotor me mandó pa´ curame la cara que ustedes horita me miran enferma. Son unos medicamentos que son muy costosos y, como me ven, yo estoy sin trabajo. Aquí en la carpeta ustedes pueden ver todo lo que me mandaron. Que mi Dios se los multiplique. Gracias.

Habitualmente, esta clase de personajes hacen acompañar sus extremadas y visibles desgarraduras corporales (de apariencia) con un sintético informe, presumiblemente expedido por algún centro de salud público, así como de los respectivos récipes que indican los supuestos tratamientos y medicamentos que deben seguir, pero también dichos carpeteros (nos) exponen oralmente de las imposibilidades financieras que tienen para adquirirlos, dado el estado de discapacidad, de malogro y de precariedad económica en que se eventualmente se encuentran, hecho ante el cual solicitan "un algo" de nuestras partes (y economías), una urgente piedad o una generosidad mínima (mucho mejor si es en contante y sonante) de quienes somos sus inmediatos y obligados escuchas.

Importa subrayar en este acápite que tanto los informes como los récipes médicos que los carpeteros llevan celosamente en sus carpetas, bajo sus brazos, acompañados muchas veces de ilustraciones alusivas a destacar las partes corporales afectadas, los hemos estado calificando de "presuntos" o "supuestos", por cuanto si bien tales personajes nos dan la sensación de mostrárnoslos, generalmente nunca los pasajeros llegamos a observar detenidamente los mismos, pues dichos personajes, en la mayoría de las veces, son bien cuidadosos en no permitirlo.

Hemos llegado a escuchar testimonios de personas que, en su rol de pasajeros, han procurado insistirle al carpetero de ocasión para que les permita revisar los documentos médicos que respaldan su parloteo, sin llegar a conseguirlo, obteniendo como respuestas, cuando lo han intentado, miradas o gestualidades poco elegantes de parte de los carpeteros en cuestión.

Por lo demás, destaquemos que la persona con presunto cuerpo enfermo, agraviado o discapacitado, generalmente nunca se exhibe sola, al contrario, estos cargan para arriba y para abajo el parte o la diagnosis médica, bien sea cierto o trucado, en una especial carpeta, por lo general bastante estropeada, debido a su rutinario uso, por ello hablamos (y titulamos) arriba este aparatado como los carpeteros de la ciudad.

5.5. ¿Cómo pensar a los carpeteros?

Como muchas (bastantes) de las cosas, situaciones y vicisitudes que a cada instante están generándose a nuestro alrededor dentro de las ciudades, el asunto de los carpeteros es también una cuestión compleja, ello pareciera resultar así (de complejo[16]) en tanto tan abundantes y reiterados casos parecieran estar preñados de cualquier cantidad de ingredientes y aderezos, lo cual les convierte de suyo en un singular mundo (todo un platillo) de pluralidades y diferencias a granel[17].

---

[16]El dilecto profesor Edgar Morín. Introducción al Pensamiento Complejo. Madrid, 1990, Editorial Gedisa, os ha dicho reiteradamente que "La complejidad no es un fundamento, es el principio regulador que no pierde nunca de vista la realidad del tejido fenoménico en la cual estamos y que constituye nuestro mundo" Pág. 146.

[17]Acotemos que no siempre las pluralidades y las diferencias obtuvieron solo el lado bonito, alegre y cadencioso de la vida, pues también en ellas lo crudo y lo cocido van cumpliendo lugar con mucha visibilidad, no del todo

De entrada y en rigor, digamos que la figura del carpetero comporta distintas situaciones de presentación y apremio, pues no siempre este o ellos nos resulta-n aquel cuerpo con apariencias enfermizas, raquíticas, malogradas y/o totalmente discapacitado que apreciamos en principio, en consecuencia tal figura no es arquitectura o asunto social fácil de solventar cognoscitivamente, lo cual nos coloca ante el trazo de urgentes micropolíticas de observación, de lecturas y desciframientos de los mismos un tanto meticulosas, tranquilas y transdisciplinares, al estilo de lo sugerido en su oportunidad por el profesor Nietzsche[18].

(Que sepamos) los carpeteros existen dentro de Venezuela y allende, en tanto son reveladores de, cuando menos, un trío de asuntos y derivaciones socioculturales, las cuales en muchas oportunidades tienden visible e invisiblemente a permutarse, a saber:

1-. Una sociedad históricamente excluyente, con poca o ninguna piedad ante quien o quienes, por una eventualidad no deseada, vieron de pronto severamente afectados sus cuerpos físicos o sus capacidades mentales, pues que esta o aquella persona intervenida fuertemente por una ceguera visual, unos oídos totalmente sordos, unas manos o piernas desaparecidas, unos estómagos, hígados, pulmones, cráneos perforados y malamente tratados, vaya (con carpeta en mano) al terminal, a la parada de autobús, a la esquina del semáforo, en solicitud de nuestro inmediato socorro y ayuda material, generalmente económica, es claramente indicativo de que en nuestras tejidos societarios no existen mayores cuerpos sociales o políticos (públicos o privados) capaces de encarar con toda propiedad, inmediatez y regularidad a tales personas y eventos.

Para nada desconocemos aquí que, sobre manera, en parte de los gobiernos de los presidentes Chávez y Maduro, se han desplegado significativos esfuerzos políticos y jurídicos (legislaciones) a favor de prestarle atención y reconocimiento a tal tipo de personas y discapacidades.

Programas sociales tales como "Negra Hipólita" o la "Misión José G. Hernández", nos merecen ciertamente una profunda admiración, solo que los alcances y dinámica de los mismos, los modos reales y rutinarios como (sus funcionarios) encaran a dichos problemas (y personas), siguen mostrando enormes debilidades y desa-

---

placentera para unas sensibilidades tranquilas. Las miserias también indican distancias respecto a un mundo y una vida tenida como "normal y benigna.

[18]Frederich Nietzsche. El origen de la tragedia, Bs. As., 1953, Editorial Aguilar.

ciertos, lo cual facilita la presencia y movilización de los carpeteros por los tantos lados y costados de nuestras ciudades.

Quizás una de las maneras de contrastar o evaluar tanto la eficacia como el alcance alcanzado por programas sociales bolivarianos del tipo "Negra Hipólita" o "José G. Hernández", sea aquella que nos permita trazar cualquier recorrido por los tantos puntos urbanos favoritos de los carpeteros, para constatar, en vivo, si tales personajes han disminuido en ellos sus cantidades y frecuencias, en distinguir si los mismos se han mantenido y/o por el contrario han aumentado significativamente dentro de determinadas porosidades de la ciudad.

Querido lector, atrévase a realizar su recorrido por la ciudad y luego nos cuenta la población carpetera qué llegó a divisar[19].

Otra forma de apreciar tal hecho estaría en pedirles a nuestros laboriosos empresarios (privados) que por favor nos informen (y muestren) con radical transparencia los programas y gastos que a favor de paliar y atacar tan dura situación, ahora desarrollan en sus respectivas empresas e industrias, que no sean las burlonas, groseras y esporádicas colaboraciones filantrópicas que escuetamente llegan a ofrecernos en sus pesados "informes" públicos, con los cuales, por cierto, viven encubriendo y burlando parte de sus obligadas erogaciones impositivas.

2-. El ejercicio de la "viveza criolla[20]", la crítica (y resistencia) al trabajo.

Héctor es uno más de estos tantos carpeteros que con sus discapacidades y vivarachas estratagemas, llenan diariamente a nuestras ciudades, sus plazas, esquinas y terminales.

Las esquinas de semáforos, me relata, son los lugares donde más gusta y busca ubicarse.

> ...mire profe. Yo salgo todos los días como a las 9. ...a veces llevo un cartelito donde digo que tengo, a veces se me olvida y no lo llevo. Claro, hay gente maluca que no da nada ... y andan en sendas naves ... pero ¡qué va!, siempre agarro algo, a veces me llevo pa' la casa como

---

[19] En descargo de la política y las responsabilidades sociales del Estado, sus organismos y funcionarios públicos hemos de señalar que , en buena medida , problemas como la mendicidad tienen más de un elemento causal, en consecuencia sus tratamientos demandan la intervención y disposiciones francas y menos filantrópicas de actores muchos más que públicos.

[20] Esta cualidad cultura está bien trabajada por Axel Capriles. **La picardía del venezolano o el triunfo de Tío Conejo. Caracas, 2008, Editorial Santillana.**

hasta 1 000[21] en un día. Hay días, como todo, que la gente da muy poco, pero algo agarro"

Mi nuevo amigo (carpetero) me hizo saber que la pérdida total de su pierna obedeció a un accidente que un par de años atrás tuvo cuando su moto la estrelló contra la pared principal de una casa ubicada por lados de su vecindario, desde entonces fue haciendo costumbre el conseguir su "día a día" en ciertos lugares informales de la urbe, y no en ambientes laborales formales, veamos:

"…es que esa vez yo iba-muy curdo y no me dí de cuenta de nada…fue como a las 3 de la mañana, cuando desperté.. ya me habían cortado la pierna y... después que salí de allí un panita me dijo que me pusiera a pedir, y ... desde esos días ... aquí estoy. Claro, yo todavía puedo trabajar. Uff, yo conozco a más de un pana que algo le falta y así trabajan. Mire, yo tengo un primo que trabaja en Cagua. Una sierra le mochó de tajo todos los dedos de la mano y todavía está trabajando en la misma compañía, hace mantenimiento… bueno lo que pasa es que no es lo mismo trabajar en esos sitios que aquí".

Es obvio asentir que nuestro personaje invitado pareciera resultarnos toda una voluntad muy diáfana y "clara", en cuanto saber qué hacer y dónde hacer (dentro de la ciudad) aquel desempeño compensatorio de la economía mínima y necesaria para su práctica subsistencia personal (y hasta familiar).

No se trata que la ausencia de su pierna mutilada le niegue cualquier posibilidad de ocuparse como trabajador ordinario y regular en más de una institución laboral o de ofrecer sus servicios individuales, sí a cambio de comprender lo que traducen las preferencias y ventajas que le brindan sus nuevos desempeños post-fabriles.

Bien sabemos que todavía tenemos en nuestro país a más de un patrón que se niega a abrir las puertas de sus empresas y negocios a personas discapacitadas, que les rechinan a sus ojos, sensibilidad y moralidad el tener que albergar y rozarse a diario con cuerpos de trabajadores lastimados o mutilados en algunas de sus partes, pero igual también oteamos que hoy día Venezuela cuenta con legislacio-

---

[21] Mi amigo Héctor se refiere aquí a bolívares, que es la moneda nacional de Venezuela. Al momento de escribir este texto en Venezuela existen dos cambios de monedas referenciales. Oficialmente tenemos una de 6.30 Bs por cada dollar, en tanto que en el mercado paralelo está oscila entre los 500 y los 800 bolívares (mínimos) por cada dollar americano.

nes[22] que favorecen el empleo obligatorio, sin desmedro, de este tipo de personas.

El asunto está quizás en admitir que Héctor forma ya parte de una población humana discapacitada, ciertamente estimable en cantidad, la cual ha optado por ejecutar un tipo de actividades y desempeños (así como de condiciones) que fueron descubriendo de pronto como más prósperas y benignas que aquellas establecidas en el llamado empleo o trabajo formal.

Héctor (como tantos otros y otras similares) le gusta ahora colocar el horario de llegada y salida a su "trabajo" de acuerdo a sus conveniencias, lo cual nos recuerda en mucho aquel viejo slogan anarquista que decía "Ni Dios, ni amo, ni patrón".

Intuye que sus ingresos monetarios, a diferencia de la fábrica, pueden perfectamente ser variables, incluso mucho más elevados. Olfatea que su seguridad laboral está en la suerte que le vayan dictando tanto del día corno las personas a las que enfrente, por eso a ello y a ellas ya se ha ido rápidamente acostumbrando.

Sin mucha escolaridad y poco saber docto, ilustrado, nuestro nuevo amigo pareciera conocer de sobra a su país y el tipo de trabajo y compensaciones laborales y económicas que, por lo general, este otorga al común de sus trabajadores "normales". Y es –quizás– en tal conocimiento (y no presunción) contra la cual a diario pareciera vivir pronunciándose muy firmemente.

En el diario mostrar ante segundas y terceras personas su pierna ausente, en contarles las penurias y rechazos laborales que supuestamente ello le genera, él va logrando despertar y cultivar a su favor la piedad y la solidaridad de toda una población humana diversa, plural y no menos filantrópica, actividad que así mismo lo va convirtiendo en un nuevo actor de ciudad.

En los semáforos de la ciudad, en las colas, en los mercados populares y otros tantos lugares de concentración pública masiva, ya conviven hoy día el joven Héctor, su pierna ausente, la esperanza en una piedad y un buen pedazo de suerte personal echada al destino.

3-. Modos im-piadosos de acumulación y explotación humana.

Dentro de la cultura capitalista el asunto de vivir en sociedad se nos ha tornado en sentido y experiencia bien precisa: transar to-

---

[22] En este caso destacamos la aprobación y entrada en vigencia en nuestro país de *la Ley para las personas con discapacidad*, aprobada por la Asamblea Nacional (2015), en la cual quedan amparados los derechos de las personas con cualquier clase de deficiencias físicas genéticas o accidentales.

do aquello que se pueda, a cambio de obtener dinero (igualmente) a como sea, y tal ligereza ya se nos ha ido convirtiendo en un verdadero *habitus* [23] de la existencia o, como diría el amigo Víctor Córdoba[24], todo un "modo de vida".

Tan alocado frenesí material ha vuelto cada vez más menos estimable y valorable el lugar de la vida humana, por ello en esta lógica cultural y societaria, el otro (que igual podemos ser usted o yo) bien sabemos que solo vale o valemos en tanto resultemos fuente o equivalencia de un algo tasable, el cual bien pueda ser dinero o mercancía[25].

El micro mundo de los carpeteros no escapa para nada de esta suerte de "principios cardinales" que groseramente van orientando el sentido de la vida contemporánea, con alcances societarios bien extensos, en tanto les encontramos rigiendo nuestras existencias y pervivencias por demasiados lugares y ambientes, a cuyo fondo pareciera engalanarse aquel duro lema del "vale todo", por tal razón digamos que no siempre estos personajes de anonimato andan y actúan bajo esa sensación pública de expresas soledades, abandonos y discapacidades que aparentan, casi que largados al mundo ordinario sin fuelle ni vitalidad alguna.

Alguien de pronto oteó que los cuerpos carpeteros (como otros tantos cuerpos humanos) podían ser también un buen negocio, sin mayores riesgos ni inversiones.

En más de una ocasión, los rutinarios informes mediáticos, en especial aquellos que circulan desde la prensa y la televisión, nos han hecho saber entre otras cosas, del allanamiento y apresamiento de una o varias personas, por lo general adultas y sin discapacidad física alguna, cuya falta o delito (infraganti) ha sido denunciado por

---

[23]En parte importante, los modos y formas como las personas pronto nos volvemos cuerpos y sentidos socialmente homologados en nuestros esquemas mentales, muy distinguibles y unitarios en aquellos gustos que portamos y los pensamientos que tenemos sobre ese vasto mundo que nos rodea (y rodeamos), puede leerse en aquellas tesituras que, sobre el *habitus*, nos legara la cabeza y pluma del extinto y controvertido profesor Pierre Bourdieu. La distinción. Madrid, 1986, Editorial Taurus.

[24]Víctor Córdoba. Córdova. El Modo de Vida. Problemática Teórica y Metodológica Caracas, 1986, ediciones de la U.C.V.

[25]Los modos como dentro de la sociedad y el trabajo las personas devenimos finalmente en objetos intercambiables, con valores equivalentes de mercancías, son excelentemente trabajados e informados por el viejo Karl Marx. El capital. Tomo I, México, 1971, Ediciones del Fondo de Cultura Económica.

el hecho de utilizar niños y niñas con problemas corporales defini-
dos (cegueras, mudos, mutilados, etc.), los cuales son intencionadamente esparcidos por la ciudad a objeto de recoger dinero, el cual
rápidamente va siendo finalmente aprovechado (y acumulado) por
esta clase de capitalistas "ligeros".

Tan despiadado hecho tiene su propio modus operandi. Se trata
de una o varias personas que teniendo una parafernalia mínima, una
casa, un carro y el conocimiento de la existencia de niños y niñas
discapacitadas, por lo general muy alejados de sus familias, logran
atraer su atención con distintos motivos, al punto de volverles almas
y cuerpos cautivos, como si fueran sus esclavos.

Tal clase de "novo empresarios" entrenan a los muchachos y mu-
chachas divisados para sus oscuros propósitos, les establecen su-
puestas "reglas de juego", lo cual incluye amenazas de muerte en
casos de abandono o delación, y luego les van trasladando y soltando en puntos nodales de la urbe.

Al término de la jornada acordada (del día a día), los y las infantes
son recogidos o estos deben llegar casi religiosamente a los nichos o
guaridas que regenta el inefable personaje-jefe que les ampara, con
el total del dinero obtenido en sus diarias faenas de pedigüeños.

Cuando la esclavitud infantil no es total, les dejan luego salir en
libertad para volver a sus casas, en las cuales duermen y comen para,
al día siguiente, volver a ejercitar las rutinas antes indicadas.

La utilización y explotación de los niños[26] discapacitados bajo el
formato de cuerpos carpeteros pudimos verlo años atrás magistralmente, entre otros lugares de mucha atención, en el mundo del cine,
con la presentación del film *Quien quiere ser millonario*, del realiza-
dor ingles Danny Boyle[27]. Allí logramos distinguir a un grupo de
personas adultas, totalmente inescrupulosas que llegan al extremo
de secuestrar a "niños de la calle" para luego llevarlos a sus guaridas
donde, acto seguido, con la asistencia y tratamiento de médicos y
paramédicos, proceden a mutilarles los ojos a bien de dejarlos lisia-
dos y, días después, lanzarlos a las calles, cual niños callejeros, en
búsqueda de un dinero que ya conoce su destino inmediato.

---

[26]Hemos de señalar también que existen familias de niños o niñas discapacitadas incapaces de reparar en ninguna piedad o consideración humana, una vez que ven en tales deficiencias una excelente oportunidad para
utilizarlos como "cebos" en la oprobiosa práctica de recoger la limosna ca-
llejera.

[27]Boyle Danny ¿Quién quiere ser millonario?, Los Ángeles/USA 2008,
Pathe pictures Warner bross. Picture.

Una nota especial respecto a la aparición de carpeteros y carpeteras infantiles dentro de la ciudad, ya no tanto supeditados a la suerte que les deparen de grupos o bandas francamente crueles, es aquella en la cual dichos cuerpos son conducidos intencionadamente por pares familiares, esto es, hemos logrado observar (dentro de la ciudad), así como ser informados muchas veces, de personas adultas que entrenan y utilizan inescrupulosamente a sus hijos, generalmente menores de edad, como estelares piezas de compañía para hacer internaciones en la ciudad, a objeto último de obtener el dinero carpetero.

No hablamos aquí de aquellos casos que sus progenitores les envían a las calles como pedigüeños o limosneros, sino exclusivamente de los casos en que los usan como exponentes directos o acompañantes de esa madre o padre que se lanza por determinados lugares de la urbe a conseguir por tal modo, y no de otro, ciertas cantidades diarias del tan codiciado dinero contante y sonante.

Se trata unas veces de padres o madres mostrando presuntas discapacidades físicas acompañados o guiados por sus hijos en las plazas o en la terminal, en otros casos de padres y madres que cargan públicamente a sus hijos como muestras indiscutibles de aquel parlamento que espetan ordinariamente.

5.6.   Más allá de los carpeteros

En la ciudad ciertamente nos encontramos a diario con unas estimables poblaciones humanas solicitando gratuitamente algo de nuestras (de por sí) maltrechas economías, sin embargo hemos de resaltar que la figura del carpetero que estamos aquí considerando no es para nada el clásico "pedigüeño", "pordiosero" o "mendigo" que abunda por muchos senderos de nuestras urbes.

La diferencia entre ambos personajes estaría dada, sobremanera, en el tipo o calidad del sentido que a ambos les asiste, en tener resuelto o confuso el horizonte de su búsqueda.

Encontramos que el "pedigüeño", "pordiosero" o "mendigo" es aquel que porta un sentido altamente dubitable, que en sus deambulaciones callejeras lleva consigo un norte social muy dudoso, pues apenas si levanta la mano, casi nunca la mirada, para decirnos algo con sus gestos, pues él pareciera haber renunciado hace rato a la valoración de la comunicación oral, así como al dialogo y la argumentación mínima.

Cuando le encontramos frente a nosotros (que ciertamente somos sus otros) acaso sí nos musita, con mucha brevedad, el acostumbrado single del "una limosna", un "deme algo". Amarga solicitud de un algo que de hecho no está expresamente telegrafiado, en consecuencia aquello que (nos) pide es muy impreciso, el cual bien podemos correspondérselo u otorgárselo en sonante (en dinero) o ya sea en ropa, calzado o algún bien de alimentación del que podamos disponer al instante y dependiendo del sitio donde nos aborde.

La solicitud borrosa que de pronto nos hace el "pedigüeño", "pordiosero" o "mendigo" pude obtener como respuesta nuestra, si es que la hay, desde un par de zapatos usados, una camisa gastada, un pantalón dejado de usar, un pan, una arepa, o algunas monedas. Tales entregas parecieran dejarlo bastante conforme.

El carpetero (a cambio) no nos demanda cualquier cosa, pues ese "lo que sea" bien sabemos que no le resulta realmente "lo que sea", y ello pareciera devenir así en tanto este, a distancia del pedigüeño", "pordiosero" o "mendigo", es portador de un sentido bien diáfano y preciso, por ello nos solicita solamente dinero, no importando mucho la cantidad que le demos.

Más allá de la portación de sentidos diferentes, digamos epilogonalmente que ambas figuras vuelven a tomar distancias en lo que respecta a vestimenta, retórica, lugares de uso y los anexos que (solamente) lleva el carpetero.

En tanto para el "pedigüeño", "pordiosero" o "mendigo" los lugares buenos o benignos para obtener un algo pueden ser cualquiera, a cambio el carpetero se nos antoja como un personaje bien selectivo y meticuloso, todo un descentrado centrado, al momento de elegir su microgeografía cotidiana y su clientela.

El o la carpetera seguramente no va a solicitar "su rebusque" en cualquier lado de la urbe. Él o ella también operan sus performatividades bajo unas prístinas racionalidades de tiempo y economías.

Digamos inconclusamente que en las porosidades de la urbe se juega también la vida de mucha gente, allí el trazo de tácticas y estrategias, cual acto de guerra, no se hace de mucha espera pues, de otro modo, sus afables residentes olfatean que sin ellas pronto pueden perecer.

Con respecto al mundo de la vida de los carpeteros, en cualquiera de sus versiones, nos siguen faltando datos, informaciones e investigaciones mucho más precisas, al igual que metodologías mucho más comprensivas[28] para encarar en mejor modo su singularidad existencial dentro de las ciudades.

En la ciudad seguimos sin saber con mayor exactitud cuál es el tamaño real de dicha población, las verdaderas raíces sociales que les fermentan, los niveles de instrucción alcanzados, los montos de dinero que llegan a obtener regularmente, las formas de arreglar sus vidas cuando no andan en tan crudas labores, las distribuciones de los dineros alcanzados, etc.

De modo análogo nos queda por averiguar mucho más respecto al hecho de saber cómo ellos-ellas adquieren esas cualidades retóricas y parlantes, tácticas y estrategias, que consuetudinariamente viven mostrándonos, pues dificultamos que tales habilidades y performatividades las hayan adquirido en los espacios escolares constituidos.

---

[28]Este tipo de tecnologías sociales deben dar cuenta de unas poblaciones carpeteras muy sui generis, que no siempre son fijas ni recurrentes en los lugares donde una vez les encontramos pues, por ejemplo, una observación atenta a la persona que de pronto se nos instala en los transportes públicos en que andemos, nos va indicar que muy difícilmente volvamos a ver a la misma en los siguientes abordajes que frecuentemente realizamos. ¿Qué se hizo el carpetero que una vez solicitó nuestro socorro?

Referencias

[1] Augé, Marc. *Los no lugares. Espacios del anonimato*. Editorial Gedisa. Barcelona/España. 2000.

[2] Bourdieu, Pierre. *La distinción*. Editorial Taurus. Madrid, 1986.

[3] Capriles Axel. *La picardía del venezolano o el triunfo de Tío Conejo*. Caracas, Editorial Santillana, 2008.

[4] Córdova, C. Víctor (1986). *El Modo de Vida. Problemática Teórica y Metodológica*. U.C.V. Caracas.

[5] Danny, Boyle. (2008). *¿Quién quiere ser millonario?* Pathe Pictures Warner Bross. Picture. Los Ángeles. USA.

[6] Marx, Karl (1971). *El capital*. Tomo I. Ediciones del Fondo de Cultura Económica. México.

[7] Morin, Edgar (1990). *Introducción al Pensamiento Complejo*. Editorial Gedisa. Barcelona.

[8] Morin, Edgar (1984). *Ciencia con conciencia*. Editorial Antropos, Barcelona.

[9] Nietzsche, F (1953). *El origen de la tragedia*. Editorial Aguilar. Bs. As. Argentina.

5.7. Bachacos y bachacas en Venezuela: La sociedad amenazada

> Las actividades ilícitas lo van siendo en tanto sobre ellas emergen unos ciertos discursos, voluntades y musculaturas que las fagocitan, protegiéndose así de los tantos protocolos morales o políticos que socialmente les condenan.

5.8. En la casa del lenguaje

En cuanto las prácticas sociales que van cumpliendo determinadas personas dentro de la sociedad que les recubre, tienden a afirmarse, a hincharse de mayor complejidad e impactos, la emergencia del lenguaje sustantivado, poco tiempo tarda en hacer su entrada triunfal.

Las nuevas palabras emergen en parte importante de suyo cuando los seres humanos requerimos, aunque sea *ad hoc*, distinguir nominalmente aquello que por algún lado vamos recreando, con independencia que tales trajes semióticos calcen justamente "a la medida" de lo que queremos representar, tal cual lo expuso magistralmente el ex-tinto profesor Foucault[29].

Es como si determinados seres humanos estuviéramos coyuntural o permanentemente *pleiteados* o inconformes con aquel lenguaje que ya antes hemos producido para registrar indistintamente la vida que regularmente producimos y nos acontece, es como si las mismas palabras hasta entonces recreadas nos fueran incómodas o insuficientes para seguir diciendo la vida que hacemos, por ello, con alguna regularidad, vivimos recreando los modos de decir el mundo que estemos divisando.

Tal máxima pareciera venirnos bastante bien cuando procuramos pasar revista comprensiva a ese clima de inestabilidades, tensiones, y sufrimientos que va animando ordinariamente en nuestros últimos

---

[28]Una versión preliminar de este capítulo fue publicado originalmente en la revista *Cuadernos Americanos* N° 155 (México, 2016/1), pp. 161-184.

[29]Michel, Foucault. *Las palabras y las cosas."* Edit. Siglo XXI. Madrid. 2009. 185 p.65

días la sociedad venezolana, cara a las distorsiones o afecciones que dejan ver conjuntamente las políticas públicas dispensadas, el aparato productivo interno instalado, como las dimensiones menguadas del mercado y el consumo de los bienes socialmente necesitados, en medio de lo cual existiría solapadamente una presunta "guerra económica[30]".

Una de esos inusitados vocablos que de pronto ha ido tomando lugar dentro de la comunicología ordinaria nacional, saltándose, incluso, los atrincheramientos sociales, ideológicos, sexuales, religiosos o ideopolíticos portados por unos y otros, para abrevar finalmente como lenguaje de "casi todos", es ese neologismo que empezamos a ahora conjugar por distintas partes, signado como "bachaco-s", "bachaqueo" o "bachaquear".

Según nota de opinión presentada por la periodista Sálas[31]

> "El término **"bachaqueo"** surgió en el estado Zulia, para hacer referencia a transportistas cuyo principal trabajo es el tráfico de combustible en la frontera colombo- venezolano, recientemente esta expresión se ha adoptado también para señalar a mafias organizadas que se dedican hacer largas colas en diferentes supermercados, el motivo: adquirir productos de primera necesidad a precios regulados, para revenderlos y obtener una ganancia de hasta 400 o 500 por ciento.

La potencia escondida en tal nominación verbal ha sido de tal factura que bien sea que estemos en casa o en la oficina, en la playa o en el gimnasio, en la universidad o en los liceos, en las calles o centros comerciales, en el cine o el estadio, etc., nos es casi imposible no matizar nuestras habituales conversas, dejar de hablar, aún cuando sea muy brevemente, de los asuntos relacionados a los "bachacos" y el "bachaqueo" que día a día amenaza con tomarnos súbitamente para sí.

Sobremanera, las *redes sociales*, son tal vez el mejor mercado cultural que tengamos al momento para apreciar la excesiva inundación de noticias, informes, ilustraciones, chistes y chismes sobre tan caliente asunto.

---

[30]La expresión "guerra económica" la ha venido utilizando recurrentemente el gobierno constitucional de la república bolivariana de Venezuela en los dos últimos años, especialmente a través de su presidente Nicolás Maduro, para referir presuntas acciones de acaparamiento, desviación y especulación de los productos que hacen la cesta básica nacional, promovidos por los sectores económicos privados, especialmente los vinculados al gran capital transnacional y el antichavismo.

[31]Sálas Maryori. *Bachaqueo. Comercio ilegal.* Noticia de prensa aparecida en Telearagua.com, el 06/5/2015, consultado el 18/06/2015.

En cuanto más se afirman esta clase de actividades a todo lo largo y ancho del país, difícilmente dejamos de encontrar en nuestros ambientes de prensa, noticieros televisivos, programas radiales o cadenas mediáticas pautas que no aludan en alguna de sus partituras a mencionar tales asuntos.

La palabra *bachaco* en sí misma no resulta muy ajena a nuestra *biosociedad*, pues muchos de los ecosistemas ambientales que caracterizan a la naturaleza venezolana, están infectados de tal clase de "plagas", preñados de esa suerte de hormigas rojizas o negras, capaces de devorar, en el menor tiempo posible, a la más aromática planta que tengamos sembrada en los espacios rurales como en nuestros confortables hogares citadinos.

Por lo demás, la cosmogonía de los latinoamericanos, en especial la de los venezolanos, nos llega al punto aquel donde acostumbramos a generar toponimias de nuestros espacios residenciales, con nombres tomados justamente de muchos animales que resultan familiares al hábitat[32] donde anclamos nuestras moradas, sea el caso, en esta oportunidad, de la pujante ciudad petrolera, bautizada oficialmente como Bachaquero, localizada en el estado Zulia.

5.9. El sentido de la acción social bachaquera

Comprar "bueno", "bonito" y "barato" es una máxima de negocios muy bien alojada en el imaginario de los venezolanos, especialmente en tiempos de dificultades económicas, en tal sentido las prácticas bachaqueras podemos inscribirlas perfectamente dentro esta clase de lógica de sentido.

Más que una acción contingencial, digamos que las prácticas bachaqueras esconden o portan una expresa racionalidad instrumental, la cual en Weber[33], consiste en "...ajustar medios y fines de acción para crear estrategias que permitan lograr los fines necesarios y las metas elegidas".

---

[32] En nuestro país le hemos dado nombre de animales a una gran cantidad de los espacios residenciales donde vivimos, tanto urbanos como campesinos, sean los casos del caserío de "Pata e'gallina, en Táchira, de "El Tigre" y "El Tigrito", en el estado Anzoátegui, de "Los Bagres" , "La zapera" y la "isla del burro", en el estado Aragua, etc.

[33] Max weber. Economía y Sociedad. Bs. As. Argentina, 1992 Fondo de Cultura Económica. 5-53.

La traducción de tales estrategias lleva finalmente a los bachacos y bachacas sociales a procurar hacer negocios y riquezas del modo muy contrario a lo pensado y esperado por el pensamiento liberal moderno-burgués.

Al fondo de dichas acciones opera un sentido bien práctico y no menos oportunista respecto a cómo atesorar bienes y fortunas dentro de las sociedades presentes, distanciándose así del concepto de trabajo legislado modernamente.

Para tales contingentes de voluntades descentradas[34], el trabajo para nada se entiende como aquel que finalmente conduce al procesamiento y transformación de materias primas en bienes y servicios terminados, bajo unas condiciones laborales mediadas por aspectos morales, éticos, jurídicos y políticos determinados, ante lo cual saldrían mercancías que, tasadas en el mercado, darían un dinero que, en modo de bucle, volvería a transformarse en mercancías. Con Marx[35] sabemos que la realización del sentido y la racionalidad capitalista opera sobre el aseguramiento efectivo del circuito M – D – M, determinando que el aspecto clave del trabajo en las sociedades moderno-capitalistas, no está sembrado en la acumulación monetaria, sino en la generación de mercancías, para lo cual el trabajo y los trabajadores son ordenados disciplinadamente.

En las culturas bachaqueras la racionalidad operante no es de tal signo ni propósitos, y si más colindante al modo cómo se pensó la gestación de riquezas en las sociedades pre-capitalistas o del último capitalismo que hemos estado conociendo planetariamente, denominado *capitalismo rentístico*.

Respecto a la génesis y características de esta clase de capitalismo rentístico, el profesor Baptista[36] nos ha dicho que:

---

[34]Los descentramientos en consideración pueden perfectamente leerse en claves de vecindad con aquel trabajado por Martín Barbero. Descentramiento cultural y palimpsestos de identidad. Estudios sobre las culturas contemporáneas, Colima, México, 1997, Ediciones de la Universidad de Colima para quien la vida urbana de nuestros días empuja fuertes procesos y experiencias de des-espacialización, motivados por el cambio sustantivo y radical que ahora va conociendo el patrón convencional de la comunicación.

[35]Marx, Karl. 2001. *Salario, precio y ganancia*. Cádiz, 2001, Editorial Yulca.

[36]Asdrúbal, Baptista. *El capitalismo rentístico. Elementos cuantitativos de la economía venezolana*, en: Cuadernos del CENDES, vol. 22, núm. 60, Universidad Central de Venezuela. Caracas, 2005.

En términos generales, por lo tanto, el capitalismo rentístico es una estructura económica nacional con una doble sustantividad. Por un lado es capitalista, en cuanto una porción de su ingreso disponible total, de cuantía importante, se crea en la relación del capital a escala universal y allí se lo capta. Por el otro lado es rentística, puesto que la relación de origen de ese excedente se funda en una propiedad nacional ejercida por el Estado sobre un recurso no producido, al que demanda y requiere el mercado mundial. El capitalismo rentístico, consiguientemente, es una peculiar estructura económica que descansa sobre la relación entre el mercado mundial y la propiedad terrateniente nacional. Pág. 19.

Importa retener el hecho conforme al cual el mediano éxito logrado por la sociedad venezolana durante sus últimos 70 años, especialmente en sus vectores económicos, sociales y políticos, expresado en una cierta dinámica productiva interna, en una baja conflictualidad social y una cierta capacidad de gobernabilidad política, ha sido hasta ahora posible gracias al papel que en tal temporalidad ha llegado a ocupar la renta petrolera.

Destaquemos que la economía venezolana es fundamentalmente minero-exportadora, al punto que del total de exportaciones registradas en las últimas décadas, las vinculadas a nuestro "oro negro" se han podido situar en más de del 70 %, contrastando con unos ingresos fiscales, de los cuales los emanados por los aportes de la renta petrolera alcanzan a colocarse sobre el 75 %.

La financiación de los programas sociales y el proyecto político que empuja el gobierno bolivariano y el Estado que administra, ya habían probado suerte exitosa en el pasado reciente de Venezuela pues, como lo argumenta la profesora Arenas[37] "La democracia consensuada del Pacto de Punto Fijo (1958) fue resultado, más allá de la voluntad política de los diferentes actores, de la disposición de un abundante flujo de renta petrolera". pág. 79.

5.10. Bachacos y bachacas con historia

Ciertamente las prácticas bachaqueras han llegado a alcanzar mucha vista y sonoridad en los últimos años dentro de la república bolivariana de Venezuela, a razón de las tantas disfuncionalidades que persisten en presentar el Estado y la sociedad propiamente constituidos.

---

[37] Arenas, Nelly. "La Venezuela de Hugo Chávez: Rentismo, populismo y democracia". *Revista Nueva Sociedad*. N°. 229. Caracas, 2010.

Esa espesa bruma "bachaquera" ha llevado, incluso, a que en muchos lugares de conversa, discusión política (casi siempre contra el gobierno establecido), generado y circulado especialmente desde los predios mediáticos, se subraye el hecho según el cual dichos menesteres son presuntamente "un fenómeno reciente", que "...eso también se formó con el gobierno de Chávez/Maduro", pues según estos sesudos analistas: "Antes, en Venezuela no se había visto eso".

Es toda una necedad querer ignorar que, en efecto, las prácticas bachaqueras nunca como ahora (gobiernos de Chávez/Maduro) llegaron a adquirir el gigantesco tamaño y los no menores impactos que realmente ellas van ocasionando al país en general y a sus ciudadanías en particular, no obstante, un ligero cucuruteo a nuestras bibliotecas históricas y de memoria genuinamente humana, nos revelan que las mismas no resultan novedosas, pues ellas ya habían aparecido en suelo nacional, en algunos casos hasta con el mismo nombre, desde tiempos lejanos al último presente que expone el país.

Si la acción bachaquera la asociamos con la localización y obtención de unas consideradas cantidades de mercancías, llevadas a cabo por determinados sectores sociales, respecto a productos de consumo que han sido regulados y/o subsidiados por el gobierno nacional, los cuales son posteriormente revendidos a lo interno como fuera del país, a precios muy por encima de los comprados inicialmente, luego encontramos que tales prácticas vienen acompañando la vida venezolana desde hace un buen rato histórico.

Es posible que lo nuevo en tal acción no esté en el sentido y la significación que comporta el comprar productos regulados y luego revenderlos a valores muy por encima de los encontrados, sino en los modos de resemantizar a tales prácticas, en tal sentido el sustantivo "bachacos" y sus conjugaciones "bachaqueo" o "bachaquear" si nos parecerían de pronto como un expreso neo-lenguaje, más sin embargo, si lo que nos importa aquí es hacerle seguimiento al fondo, a la raíz, sobre lo que se ha venido designando o renombrando con tales palabras, concluimos rápidamente que esta clase de actos obtienen en Venezuela como en la casi totalidad de países formativos del área latinoamericana y allende, unas datas sumamente lejanas.

Sobre una ligera historia del "bachaqueo" en nuestro país, el historiador Trompiz Valléz[38] nos informa que:

> El bachaqueo en Venezuela viene de lejos. Desde los tiempos de la época agraria en este país existió el bachaqueo. En el periodo colonial se llamaron CANASTILLEROS, luego en los primeros cien años de la república, fueron los judíos los que impusieron el arte de bachaquear.

El experto perolero venezolano, David Paravisini[39] habría dicho que:

> El contrabando no es reciente, tiene sus antecedentes en años anteriores a la llegada de Hugo Chávez al poder. Una de las razones de su origen es el bajo precio y por ello es imperioso para Venezuela colocar la gasolina a precios internacionales.

Digamos que las prácticas bachaqueras han logrado establecer dos sendos espacios de acción y movilidad nacional, los cuales, en más de las veces, viven yuxtaponiéndose como alimentándose recíproca y consuetudinariamente, expresivas de tiempos históricos variados, a saber:

1. Aquel bachaqueo más antiguo, por ende más convencional, nombrado también como *contrabando de extracción*, consistente en adquirir, almacenar y llevar a los pueblos fronterizos con la república de Colombia e islas circunvecinas, productos subsidiados y regulados en Venezuela, especialmente gasolina, kerosene, harinas, pastas, azúcar, arroz, leche, etc.

De todos estos productos para el consumo, seguramente ha sido el vinculado a la gasolina aquel que ha llegado a obtener más fama y popularidad dentro de la dimensión inherente al contrabando originario contemporáneo, por ello, nos viene bien aquí un artículo anónimo aparecido en la web[40], en el cual se lee claramente que:

> La historia empezó con la gasolina, que ha mantenido su precio desde 1992. Un litro cuesta 0,07 bolívares. Así, para llenar un tanque de 50, solo se necesitan 3,5 bolívares. Si llevamos este monto a dólares

---

[38] Humberto Trompiz, V. Rentismo petrolero y bachaqueo, Artículo de opinión aparecido el 21/04/15. Consultado el 10/05/15, disponible en:www.aporrea.org/

[39] David Paravisini. Vea los negocios que se escondían *en la frontera colombo-venezolana*, Consultado el 15/11/15, disponible en. http://www.consulvenefunchal.com.

[40] *La crisis de los precios en Venezuela impulsa el negocio de los bachaqueros*, Consultado el 10/5/15, disponible en.www.informe21.com/

americanos, sería no más de 0,01 dólares. Por esta razón, el contrabando de gasolina a Colombia se ha convertido en un negocio con una rentabilidad que supera el 10 000 %.

Como hemos logrado observar (hasta aquí), parece sumamente íntima la relación histórica entre el contrabando bachaquero y los territorios fronterizos existentes entre Colombia y Venezuela, pues, en el caso venezolano, se trata de una franja que alcanza a más de 22. 200 km de longitud[41], en los cuales lo menos que existen son carreteras y/o puntos de seguridad militar nacional, a cambio sí encontramos en ellos abundantes "trochas" o "caminos verdes", a los cuales las poblaciones locales o parroquianas como los grupos paramilitares y guerrilleros colombianos, le han convertido en suerte de sus naturales pasadizos, a pie como en transportes de mulas, acuático y/o automotriz.

A continuación presentamos retazos de una valiosa información que diera a conocer a los medios de comunicación venezolanos e internacionales, el Sistema Bolivariano de Comunicación[42] respecto a la nutrida relación entre contrabando de gasolina y trochas ubicadas puntualmente en el estado Zulia:

> Las rutas del contrabando de combustible se ubican en zonas como: Maracaibo, Santa Cruz, Carrasquero, Molinete, Cerro Escondido, Guarero, población De Monte Lara (Colombia), La Concepcion, 4 Vías, La Sierrita, Carrasquero-Puente Carrasquero, Molinete, Las Trojas, Las Playitas, Puente Pamplona, Finca Los Melones- Finca El Ebano, Imnamara, Guana, Envalse La Colorada, Envalse La Rosa, Puerto Monitos, Varilla Blanca, Moina, Kalue, Trocha El Mojan y la población De Maicao (Colombia).

Franco Vielma[43], intentando hacer una rapsodia geocultural sobre el hacer bachaquero en Venezuela, sembrado en las zonas fronterizas del oeste nacional, ha llegado a indicarnos que:

> La frontera colombo-venezolana, especialmente entre San Cristóbal y Cúcuta, ha sido durante años un hervidero de actividades legales e ilegales, económicas y paraeconómicas. Mafias consolidadas desde

---

[41] Agreguemos a tal extensión de kilómetros el hecho de saber que tal frontera es la más poblada de la América del sur.

[42] Cantidad de trochas en la frontera colombovenezolana. Consulta realizada el 12/02/15, disponible en, www.sistemabolivarianodecomunicación.gob.ve/

[43] Franco Vielma. Cómo funciona el bachaqueo de billetes a Colombia, artículo de opinión, Consultado el 23/08/015, disponible en, www. misionverdad.com/

hace años, han funcionado casi que a plena impunidad pese a algunas actuaciones de las autoridades de ambos países.

En paralelo, encontramos que desde hace no menos de 25 años se ha podido conformar todo un robusto paisaje urbano gasolinero en los pueblos contiguos a las entidades fronterizas venezolanas que comunican con Colombia, bien sea por las vías de las ciudades de Ureña y San Antonio del Táchira como por los estados Apure, Zulia y Amazonas, en tal sentido destaquemos que apenas se traspasan los últimos puntos de control (alcabalas) venezolanos asentados en los espacios fronterizos de los estados mencionados, se nos vuelve enteramente visible a lo largo de sus siguientes predios regulares e irregulares, la presencia, casi interminable, de una descomunal población "paisana", apertrechados con cualquier cantidad de pipotes, pipas, bidones, garrafas y otra cantidad de artefactos susceptibles para almacenar gasolina.

Especialmente en el caso de la última alcabala venezolana vía a Cúcuta, concretamente en el pueblo colombiano nominado como *La parada*, se nos muestra muy visible la presencia de una gran legión de gasolineros, los cuales únicamente están apostados allí, cual vigilia activa, a la espera que cualquier vehículo venezolano se apreste a hacer su respectiva parada en dicho paraje, seguidamente y casi de modo automático pasar a vaciarle casi todo el combustible traído en su carro, teniendo el conductor venezolano como recompensa, el obtener por tal acción unas masas monetarias que desbordan hasta el 2 000 % respecto al valor que les costara en nuestra patria el haber puesto el tanque de su vehículo del modo "full".

De tales menesteres y épocas nos empezó a resonar la voz de "*pimpineros*", marca de una nueva labor descentrada devenida sumamente lucrativa para unos y otros actores implicados, a costa del desangre de los recursos y erarios públicos pertenecientes a todos los venezolanos y venezolanas.

En un trabajo minucioso sobre las *dinámicas fronterizas*, observadas desde el lado colombiano, Fernández Andrade[44] procura ilustrarnos la figura de los *pimpineros*, en los siguientes términos:

> Los Pimpineros son las personas que trabajan en las calles de las ciudades conectadas con fronteras venezolanas. Extraen la gasolina de Venezuela y la venden en Colombia a precios más altos. El precio de la

---

[44] Fernández Andrade *Dinámicas fronterizas*, una aproximación desde las políticas del gobierno colombiano para la frontera Norte del Santander-Táchira. (2010-2014), Consultado el 26/08/2015, disponible en: http://repository.urosario.edu.co/bitstream/handle. %20Consultado%20el%2026/08/2

pimpina varía de acuerdo a decisiones fronterizas. Por ejemplo desde el 11 de agosto del 2014 debido al cierre fronterizo durante horarios nocturnos, las pimpinas de gasolina aumentaron su precio. Antes de los cierres se vendían a 22 000 pesos y desde la fecha se venden a 29 000 pesos. Una pimpina contiene de 22 a 24 litros, dependiendo de su tamaño.

2. A los actos del bachaqueo gasolinero, le fue continuando, años después, aquel vinculado a los alimentos y otras mercancías que pudieran ser adquiridas en el mercado nacional, bajo valores y condiciones reguladas y/o subsidiadas, hasta llegar a nuestros últimos días, cuando tal actividad se ha vuelto cada más insoportable, la cual ha tornado sumamente envolvente y muy lucrativa para numerosas personas y sectores sociales venezolanos como colombianos.

En palabras de la socióloga D´amario y Pérez[45] encontramos finalmente que: "El caso de tráfico ilegal en la frontera colombo-venezolana no es único y es un problema de larga data, que ha afectado de manera diversa a ambos países y a las distintas regiones fronterizas".

5.11. La geografía bachaquera

Las últimas prácticas sociales vinculantes al bachaqueo comercial nacional no parecen estacionarse hoy día en un lugar exclusivo o dentro de ámbitos geosociales más o menos homogéneos, tal cual si lo estuvieron haciendo unos cuantos años atrás, previos al actual "estado de cosas" que ha pasado a exhibir la socioeconomía nacional.

De acuerdo a relatos e informaciones inscritas y recogidas en distintas fuentes documentales y testimoniales, encontramos que la acción de comprar determinados productos disponibles en el mercado interno para luego pasar a revenderlos a segundas o terceras personas, fue hecho que estuvo localizado, principalmente, durante muchos años en los espacios fronterizos adyacentes a las repúblicas de Venezuela y Colombia.

Ya logramos exponer (líneas atrás) que los lugares y bienes objeto de captura y reventa por parte de los bachaqueros originarios estuvieron inicialmente estacionados en los tramados fronterizos

---

[45]D´Amario D y Pérez G. Quiénes son los culpables. Los bachaqueros, consultado el 12/09/15, disponible en, http://www.sociologando.org.vewww.sociologando.org.ve

colombo-venezolanos, así como relacionados, fundamentalmente, a gasolina y alimentos para el consumo humano familiar inmediato.

La fuerza y el impacto causados por aquel "bachaqueo fronterizo" fue realmente extraordinario, pues existiendo en dichas localidades altas tasas de desempleo y muy baja inversión comercial e industrial, las actividades vinculadas a la extracción y comercialización ilegal del mencionado combustible, daban para esconder o atenuar parte importante de los precariedades y conflictos sociales en ciernes.

Esa dinámica fronteriza[46] estuvo conociendo años después tanto severas limitaciones y restricciones como nuevos oxígenos, acorde a las relaciones y tensiones que se estuvieron viviendo entre los gobiernos de ambos países.

En aquellos casos, cuando se ha restringido o cerrado totalmente los pases de la frontera vial de uno a otro país, las prácticas bachaqueras gasolineras han conocido mermas significativas trayendo como consecuencia inmediata bajas sensibles en las dinámicas sociales de ambos espacios internacionales.

Otro tanto de merma en la socioeconomías que hacen a tales espacios, aparece cuando alguna de las administraciones políticas en cuestión decide hacer devaluaciones al valor de su moneda nacional.

La condición de regulación y subsidios generados en los últimos años por los gobiernos venezolanos (Chávez/Maduro) sobre buena parte de los productos que hacen la dieta diaria de nuestros con-nacionales[47], aunado a los controles de divisas y devaluación real que ha venido conociendo la moneda del bolívar en los últimos tiempos, han logrado juntarse para contribuir a complejizar enormemente la geografía bachaquera venezolana.

Las adquisiciones y trasvases de mercancías hacia la vecina Colombia, han llegado a conocer cifras y montos sumamente exponenciales, al punto tal que, según declaraciones oficiales venezola-

---

[46]Para una mayor comprensión de las dinámicas fronterizas atinentes a Colombia y Venezuela durante tales tiempos, hacemos hincapié en recordar y valorar el meritorio trabajo que internamente hemos estado conociendo en este ensayo, producido por Fernández Andrade (Ob. cit.).

[47]La lista de productos subsidiados en Venezuela llega hoy día hasta un tope de 15 mercancías, los cuales comprenden leche en polvo, harina de trigo, harina precocida, caraotas negras, aceite, arroz, arvejas, azúcar, carne (de primera y de segunda), mortadela, pasta, pollo y lentejas y margarina. Los porcentajes de subsidio oscilan entre el 30 y el 40 % por debajo de los precios regulados.

nas emitidas por el actual presidente Maduro[48] encontramos que :
"el 40 % de los productos básicos con precios subsidiados que se
entregan a las cadenas de distribución son desviados ilegalmente a
Colombia, además de gasolina equivalente a 100 000 barriles diarios de petróleo (una pérdida anual de 3 650 millones de dólares".

Los estados reales y no menos brutales vinculantes al acaparamiento, la especulación y escasez que han venido presentando en
los últimos 3 años los productos alimentarios y no alimentarios subsidiados por el ejecutivo venezolano, en parte importante de suyo
están explicados –insistimos- por los procesos de apropiación e inmediata reventa a que ello van siendo sometidos por una clase de
"bachacos" que ya se han esparcido por todo el territorio nacional, haciendo en consecuencia que la geografía de los mismos haya
dejado atrás los localismos fronterizos en donde por muchos años
estuvieron establecidos, para, en su defecto, pasar a constituir todo
un fenómeno nacional.

5.12. La demografía bachaquera

Ni las agencias informativas vinculantes al gobierno del presidente Maduro, como tampoco las de tenor privado, han podido
revelarnos a la fecha el tamaño poblacional u aproximados que llegan a alcanzar las prácticas sociales inherentes a la compra y reventa
ilegal de productos subsidiados como de aquellos otra mercancías
que, no teniendo tal característica, llevan marcados en sus empa-
ques el emblema de "Precio Justo" o "Precio Máximo de Venta al
Público" (PMVP).

Ese envidiable y necesario dato ausente, lo vamos supliendo (en
parte) por lo que de ello se escribe, ilustra, publica y comenta tanto
en los convencionales medios de comunicación comercial como en
los oficiales, en las redes sociales, así como de aquellos parloteos
que emergen espontáneamente en numerosos hogares de familias,
en los ambientes escolares, lugares de trabajo, campos deportivos,
discotecas, panaderías o en reuniones sociales con la cual andamos
frecuentemente tropezando.

Como muestra de la incertidumbre cuantitativa que existe oficialmente en Venezuela respecto a la cantidad de personas inmersas

[48]Nicolás Maduro. *Venezuela despliega 17.000 militares para combatir
contrabando a Colombia.* Declaraciones ofrecidas por el presidente de la
República Bolivariana de Venezuela a los medios de comunicación nacional,
consultado el 11/09/15. disponible en, www.elnacional.com

en las acciones del bachaqueo, colocamos seguidamente tres declaraciones ofrecidas por representantes públicos y privados nacionales, en las cuales se evidencia tanto la inconmensurabilidad como las imprecisiones de datos reales existentes sobre tal tipo de asuntos:

La primera, dada por el entonces Superintendente de Precios Justos (Sundde), Andrés Eloy Méndez[49], en un programa televisivo nacional, en el cual aseguró que:

> Entre 400 y 500 mil personas se dedican al bachaqueo en todo el territorio nacional... el mayor número de personas se encuentran concentradas en los estados Zulia y Táchira (por ser frontera) pero que esta actividad ilícita impacta en todos los venezolanos y venezolanas... En Venezuela hay una sobredemanda importante de personas que compran muchas veces para consumir y muchas veces para revender, mucha de las mafias y delitos que antes entraban en microtráfico de drogas y en el tráfico de licores ahora están dedicados al bachaqueo.

La segunda, emitida en su oportunidad por el gobernador del Estado Zulia, Francisco Arias Cárdenas[50], recogida en medios periodísticos nacionales, en la cual dejó saber que: "El bachaqueo es una actividad completamente ilícita que ha activado a alrededor de 20 mil personas a ser partícipes de esto. El problema no es tan sencillo como se cree, es mucho más complejo porque, no son solo las grandes mafias".

La tercera, entregada en rueda de prensa por el vicepresidente de la Confederación Nacional de Agricultores y Ganaderos – Confagan- zona occidental y Zulia, Jorge Prado[51], en la cual sostiene que: "...hay más de 20 mil personas en Mara, La Goajira y Maracaibo que se han dedicado al bachaqueo como actividad productiva".

Tal vez sea la misma lógica de sobrevivencia y protección que avivan ordinariamente los bachaqueros, aquello de camuflajearse bajo mil modos posibles, dado que conoce-n su estatuto de ilegalidad, lo que (en buena medida) los vuelva personas no fáciles de distinguir ni cuantificar al momento.

---

[49]Andrés Eloy Méndez .*Entre 400 y 500 mil personas se dedican al bachaqueo en todo el territorio nacional*. entrevista realizada por Wladimir Villegas, en "*Wladimir a la 1*". Caracas, 2015, Globovisión.

[50]Francisco, Arias Cárdenas. *Más de 20 000 bachaqueros hay en el estado Zulia*. Consultado el 25/6/2015, disponible en, http://elperiodicovenezolano.com/.

[51]Jorge Prado. *20 000 Personas bachaquean en Maracaibo*. Consulta efectuada el 27/08/15, disponible en, http://www.ultimasnoticias.com.ve/.

Cuando no es su peculiar "viveza criolla[52]" lo que les da fuerte huella de invisibilidad pública, son tal vez los "amarres", "hipotecas" y complicidades que van tejiendo por uno y otro lugar de visita, lo que ayude a volverles cuerpos difíciles de registrar.

Los estudios sociales disciplinares, emanados principalmente de la sociología o la economía, son poco aportativos para dar cuenta precisa del tamaño que alcanzan hoy día las poblaciones incursas en bachaqueo, en parte, dichos saberes insisten en ubicar estas prácticas como expresiones tangibles del estado del desempleo reinante en el país, cuando en verdad, y de acuerdo a los testimonios que hemos estado escuchando en una gran cantidad de personas bachaqueras, que hacen tales oficios en paralelo a lo que son sus trabajos formales.

Declaraciones públicas ofrecidas en este sentido por la señora Mary Olga Girón[53] presidenta de la Comisión de Asuntos Laborales de *Conindustria* (Venezuela), nos señala en este sentido que:

> El venezolano se está rebuscando con trabajos informales para incrementar sus ingresos… en algunas empresas hay empleados que venden en sus cubículos productos a precios superiores a los regulados para obtener una ganancia rápida que le permita completar el dinero necesario para cubrir los gastos del mes. Los empleados "bachaquean" en las oficinas de manera abierta y le ofrecen la mercancía a todos sus compañeros y jefes, sin discreción, y hasta toman pedidos. También solicitan un adelanto de prestaciones sociales para utilizarlo como capital, adquirir mercancía y emprender un negocio por cuenta propia, que generalmente lleva adelante la pareja o un familiar, con la venta de productos regulados o electrodomésticos.

El concepto o categoría de "*economía informal*[54]" tampoco es mucho lo que nos entrega para adelantar el conocimiento demo-

---

[52]La viveza criolla como picardía o mosaico de actitudes picarescas, se encuentra bien recogida, entre otras literaturas nativas, en la producida por la profesora Capriles. La picardía del venezolano o el triunfo de Tío Conejo. Caracas, 2008, Editorial Santillana.

[53]Maryolga, Girón. Trabajadores formales se rebuscan con el bachaqueo para incrementar ingresos, consultado el 7/9/15, disponible en, http://www.notitarde.comwww.notitarde.com

[54]La llamada economía informal ha venido siendo objeto y sujeto de distintas intervenciones cognoscitivas, al extremo que sobre ella abundan cualquier cantidad de definiciones. A favor de la historia y genealogía comprensiva de tan candente asunto en América Latina, observo muy meritorio el trabajo producido un par de años atrás por los cientistas colombianos Gómez y Borráez. **Apuntes sobre la economía informal**. Caso Medellín. *Se-*

gráfico que alcanzan estas prácticas sociales, en virtud que tal clase de economía:

- Alude a indicar cuerpos humanos que se hacen visibles con sus mercaderías públicamente, lo cual no se cumple estrictamente dentro de las actividades bachaqueras, pues muchas de ellas se hacen en visitas directas, casi "por entregas" a las personas demandantes en sus residencias privadas, cuando no, sus mercaderías las tienen ocultas en morrales, carros, motos, sacándolas al público durante tiempos muy breves, a objeto de no dejarse tomar "infraganti" por los efectivos policiales
- Tiene la convicción que es practicada (en su mayoría) por personas sin empleo, tal como observamos en unas de las declaraciones anteriores, hecho que no es evidente, pues el bachaqueo absorbe a personas sin empleo como a las que ya lo tienen.

5.13. Bachaqueo. El aporte femenino

En los relatos científicos entomológicos queda bastante claro que la acción del bachaqueo comporta una función sexual masculina, habida cuenta que en tales "colonias" se distinguen diversos géneros, una nítida división social del trabajo y unas ciertas jerarquías de poder.

En dichas actas o informes, tal operación refiere reiteradamente como "bachacos" a artrópodos "machos", a hormigas masculinas, las cuales, tomando la figura de "obreros", se ocupan de –siguiendo a Barnola[55]- "cargar y transportar grandes cantidades de material vegetal hasta su colonia subterránea donde lo procesan como sustrato sobre el que cultivan un hongo simbiótico que a su vez es el único alimento de la larva de ese insecto". p. 10.

En los campos del "bachaqueo comercial", las cosas suelen ocurrir de modos distintos y distantes a la división sexual del trabajo que sucede dentro de los citados artrópodos, pues esta puntual actividad la viven cumpliendo, casi por igual a hombres como mujeres.

---

mestre Económico, vol. 8, núm. 15, enero-junio. Universidad de Medellín. 2005. 31-46

[55]Luis, F. Barnola. "Variabilidad en el contenido de Mono y sesquiterpenos en las acículas de pino caribaea hondurensis y su relación con la herbivoria por el bachaco atta laeviagata". Caracas, *Tesis de literatura*. facultad de Ciencias, UCV, 1992.

Si admitimos que el "bachaqueo comercial" es una actividad compleja, exigente del cumplimiento de distintas funciones, es por lo que se llega a comprender que las tareas demandadas requieren del aporte de distintas personas, en las cuales, repito, es bien notorio la participación femenina.

En los lugares donde se va cumpliendo el bachaqueo, bien sea en casas de familia, en las vías y stand públicos o en los peculiares "servicios a domicilio" es bien observable la incorporación y participación masiva del género "delicado".

También las mujeres hacen las colas para adquirir aquellos bienes que el mercado gubernamental esté disponiendo en sus momentos, igual se encargan de hacer recorridos por la ciudad, a objeto de localizar aquellos establecimientos en los cuales se está o se van a expender mercancías subsidiadas, a su vez guían los transportes repletos de lo comprado, se encargan de informar a la clientela de los productos que disponen, hacen ejercicios de venta directa, así como de contabilizar las cuentas y, en muchos casos, dirigen o colaboran, junto a los masculinos, en los actos de re-empaquetar productos, tales como azúcar, harinas, café, etc., para su nueva comercialización.

5.14.   Estrategias bachaqueras

Las prácticas bachaqueras no resultan nada elementales ni mucho menos superficiales, tal como bien pudiera llegar a pensar cualquiera de aquellas personas situadas fuera de dichas factualidades.

Aún tratándose de aquellos "bachacos" fortuitos, esos que ocasionalmente incursionan en tales lides, el armado de tácticas y estrategias "mínimas" vuelve acción bien necesaria en estos para hacerse exitosamente de aquellos bienes que les depare el mercado.

Mucho más exigentes se hacen dichas operaciones cuando sus exhibiciones y ventas las efectúan en espacios abiertos (calles, avenidas, plazas), en los cuales los mecanismos de vigilancia y control policial devienen rigurosos.

Tal orden de complejidad entra a jugar igualmente en proporción al estatuto que presente el bachaco en ocasión, pues los tejidos que debe labrar aquella persona que bachaquea menudencias, que se conforma con adquirir pocos productos, nunca serán iguales a esos que desarrollan los llamados "bachacos mayores", o en quienes trabajan para personas, grupos o "enjambres" de meridianos y grandes tamaños.

En base a las conversas, lecturas noticiosas y documentales, así como en diálogos dirigidos y escuchas obtenidas en numerosas ocasiones sobre el asunto del bachaqueo, hemos llegado a comprender el extenso número de estrategias que viven poniendo en juego las personas vinculadas a estas prácticas, las cuales se explayan en formatos de carácter individual como colectivos, según se trate la ocasión.

5.15. Bachacos posmodernos

Quizás en Venezuela observemos que el Estado y las instituciones que le conforman no hayan logrado aún ponerse "a tono" con los adelantos tecnocomunicacionales que hoy ofrece por doquier el mercado mundial posmoderno[56], al punto que sus lentitudes y parsimonias, amén de su indolencia y sordera, persistan en seguir siendo muchas de sus actúales notas distintivas.

Con una data histórica que para nada se asemeja ni compite con esa que acumula tan gigantesca "maquina" (moderna), la familia bachaquera pareciera haber entendido, casi a la "luz del rayo", de lo valioso y pertinente que le resultan para sus rutinarios menesteres, el hacer uso inmediato e intensivo de ciertas tecnologías digitales, especialmente de aquellas que les garanticen imagen, audio y voz, al igual que les den acceso a comunicaciones multidireccionales, en vivo y en directo.

La misma condición de contingencia y fugacidad en la que hoy día se desenvuelven sus actividades, de no saber con determinación ni exactitud fiel los tiempos, los lugares, las cantidades ni las condiciones bajo las cuales aparecerán los productos regulados y subsidiados por el gobierno del presidente Maduro, al igual que él saberse competidos por las colas y compras que harán tanto los consumidores no bachaqueros, como sus congéneres de la competencia (otros bachaqueros), sea en buena medida aquello que les hace volver céleres en sus actuaciones, para lo cual los celulares, sobremanera, les brindarán grandes contribuciones.

El *modus operandi* de los bachaqueros mediáticos está muy correspondido con situaciones descritas en el punto referido atrás sobre *De la obtención de los productos a re-venta*, esto es, en dichos

---

[56]Con tal expresión hacemos referencia, particularmente, al inmenso y extenso proceso de producción, comercialización y consumo de nuevas tecnologías comunicacionales, las cuales destacan por su agregado digital.

casos priman las relaciones amistosas o de negocios que se tengan establecidas previamente con propietarios, empleados o los funcionarios de seguridad del orden público que estén apostados en aquellos establecimientos donde de pronto llegó, o se sabe que va a llegar, esta o aquella mercancía subsidiada.

Queremos destacar aquí una versión del bachaqueo mediático en clave político-gubernamental, la cual según el PSUV[57]:

> ... el bachaquero mediático, además de contar con programas de radio, tv y prensa, asuma el anonimato para operar clandestinamente como sicario desde las redes sociales a través de distintos "alter egos". Allí, tal como lo dicen los desvencijados manuales de la CIA, es donde el bachaquero de marras consigue su ambiente óptimo para la vileza. Twitter, facebook, Instagram y muchas otras redes sociales e internet en general, son empleadas por los bachaqueros para operar contra nuestra paz y tranquilidad. Basados en Colombia, EE.UU, España y otros países, muchas veces se hacen pasar por agentes locales en Venezuela para documentar tragedias, opresión, escasez y otros males que no dudan en atribuir al chavismo y a la Revolución Bolivariana.

Cualquiera de las personas que estando dentro de los comercios en cuestión, apenas tienen la evidencia o la noticia de tal tipo, pasa inmediatamente a llamar o enviar mensajes de texto a su consorte mayor para que ponga en despliegue su pequeño o gran ejercito de bachacos, los cuales, "en menos de lo que canta un gallo", llegan al lugar y se abastecen con todo aquello que puedan llevar a sus respectivas "cuevas", dejando a las estanterías literalmente vacías.

Las prótesis mediáticas, especialmente los celulares y la internet, se vuelven así tecnologías sumamente aprovechadas por la cultura bachaquera para la consecución de los fines de lucro fácil que le son inherentes.

Por lo demás, en parte importante de suyo, observamos una gran afinidad en cuanto al uso de tecnologías mediáticas por las poblaciones bachaqueras y muchísimos de los consumidores corrientes, pues también aquella persona no bachaca, apela al celular y su mensajería para poner en alerta, bien sea a su parental o amigo o a ambos, en momentos en que, haciendo cola dentro del lugar puntual de venta, se entera de la nueva mercancía regulada y subsidiada que acaba de llegar.

La desgracia, los castigos o remordimientos seguramente le llegarán a bachaqueros y no bachaqueros en la situación aquella donde de pronto aparecen a la venta productos subsidiados y, ¡mala

---

[57] Partido Socialista Unido de Venezuela -PSUV-: El bachaqueo mediático, consultado el 27/08/15., disponible en, http://www.psuv.org.ve,

suerte!, el celular le aparece descargado, o sin renta a alguno de ellos o ellas para llamar o enviar algún mensajito oportuno a su par o jefe.

5.16. El alimento de los bachacos y las bachacas

La entomología convencional informa que el alimento más buscado por las hormigas rojizas o negras, denominadas "bachacos", es aquel que se encuentra adherido a una cierta clase de plantas, de las cuales extraen vorazmente sus hojas, a cambio que cuando transdisciplinamos tal término y nos lo llevamos para el campo social, tenemos que la sabia alimentaria de los bachacas y bachacos humanos está totalmente vinculada a la obtención, igualmente voraz, de productos y mercancías que, en lo sustantivo, cuentan con el beneficio de los subsidios y los precios regulados dispuestos por las administraciones políticas de turno.

Así, el alimento de los bachacos socio-humanos va históricamente en Venezuela desde la localización y compra desenfrenada de la gasolina y sus homólogos (kerosene, aceites, liga de frenos), hasta arribar a la consecución rápida de esa cantidad de productos que conforman, sobremanera, la dieta ordinaria de nuestros disimiles hogares y familias.

Ciertamente la lista de productos alimenticios que han venido gozando de los subsidios gubernamentales y/o de la regulación en sus precios van desde Leche, harinas pre-cocidas, aceite, café, arroz, pastas de sémola y trigo, pollo, atunes, pescado, carnes rojas, mantequillas, margarinas, granos, hasta tubérculos.

Productos todos que en tienen asignados precios de venta y compra oficial realmente bajos, muy bajos, y demandas sociales altas, muy altas, se fueron convirtiendo en todos unos especiales atractivos para unos segmentos poblacionales que fueron viendo en su adquisición y reventa a propios y extraños, el verdadero "negocio del siglo".

Tal clase de productos son así el principal alimento que ansían encontrar los bachacos individuales y colectivos que han venido apareciendo y desarrollándose a lo interno de la sociedad venezolana contemporánea, para lo cual, tal como ya hemos podido mostrar en acápites anteriores, llegan a desarrollar un extenso variopinto de tácticas y estrategias.

Una vez que los gobiernos de Chávez y Maduro pudieron disponer de abundante renta petrolera, de excelentes precios en el valor de las ventas del petróleo, y sus conceptos de política social se afirmaron en clave de subsidios y regulaciones a granel, la voracidad bachaquera apenas si llegaba a notarse circunstancialmente en las ciudades y pueblos fronterizos venezolanos, pues era tal la abundancia en el mercado de los productos subsidiados que el fenómeno de la escasez, los acaparamientos y las reventas, en casi nada molestaban a las familias residenciadas en espacios contiguos a la vecina Colombia.

La salud de la renta interna daba entonces para que bachacos como consumidores nada bachaqueros, nos alimentáramos de las entregas benevolentes de un tipo de gobierno socialmente "solidario", no obstante el excelso clima de soportación, paz y tranquilidad (para unos y otros), empezó a crujir, hasta llegar a tornarse hoy día altamente dramático y francamente insoportable (para casi todos), una vez que circunstancias y azares distintos han podido conjuntarse para disminuir severamente nuestros excedentes de renta petrolera, y con ello dificultar los procesos de importaciones masivas de casi toda clase de alimentos y su correspondiente distribución nacional.

Una vez que el mercado nacional conoce de severas restricciones gubernativas en la entrega de dólares preferenciales y el gobierno presenta hondas limitaciones de divisas para seguir tranquilamente realizando su política económica, especialmente la vinculada a la importación y distribución masiva de alimentos para el inmediato e ingente consumo familiar, la voracidad bachaquera tiende a arreciar más y más, pues también ellos y ellas ven en tales situaciones el peligro para la consecución de sus preciados alimentos.

5.17. Las ciudadanías también alimentan y son alimento de los bachacos

No hay mayor duda en saber que el alimento fuerte de los bachacos y bachacos son la clase de productos subsidiados reiteradamente por el gobierno nacional, como tampoco en reconocer que tal tipo de alimentos están destinados a ser contributivos en la ingesta de una gran extensión de compatriotas, por supuesto, bajo unas desesperadas y leoninas condiciones de reventa.

Si bien es cierto que no todos los ciudadanos y ciudadanas constituimos la inmediata clientela de los bachacos, también lo es el hecho de saber que dichas prácticas y poblaciones viven y se desarrollan intensamente, se nos vuelven sumamente prolíficas, cuando determinadas personas devienen receptivas a los productos que revenden.

Los bachacos existen y se hacen robustos porque indudablemente existen fuera de ellos unos segmentos poblacionales que en les compran lo que venden, les llegan a alimentar y a engordar de modo permanente.

Por supuesto, existen dentro de nuestras ciudadanías un conjunto de atenuantes fuertes que se anudan para explicar su transmutación en alimento ocasional o permanente de los bachacos, entre las cuales podemos citar:

1. Su escasa o limitada disponibilidad de tiempo para recorrer los establecimientos de la ciudad donde se ofrecen los productos que demanda,
2. La poca o nula colaboración prestada por las instituciones donde cumplen sus funciones laborales,
3. El no disponer en muchos casos de vehículos propios para asegurar los recorridos que deben hacer para conseguir tal o cual producto,
4. Una cierta holgura económica que presentan muchos de ellas, lo cual les permite ahorrarse el sufrimiento de trasegar la ciudad y pasar a hacer colas que, en tanto son inciertas, se vuelven casi interminables.
5. El no tener a segundas o terceras personas familiares o amigables con quien dejar el cuido de los hijos pequeños y la vigilia de sus residencias,
6. La misma falta de vigilancias, seguimientos y controles que dejan ver las instituciones y funcionarios de la seguridad y el orden público respecto a la acción que, casi impunemente, realizan ordinariamente los bachacos y las bachacas dentro de nuestras ciudades y espacios residenciales,
7. La nula o muy baja capacidad de denuncia, y si de extremada colaboración, que ofrecemos unos y otros ciudadanos y ciudadanas para con tan repulsivos personajes,
8. La casi nula capacidad de acción que tiene al respecto el cacareado *poder popular*, especialmente sus consejos comunales,
9. El sospechar que cualquier denuncia que cursemos a los cuerpos de seguridad, especialmente a policías o guardias nacionales, corre el riesgo de no ser atendida y, tal vez, utilizadas en sus contras, de lo que sigue,

10. La persistencia real de miedos y temores ciudadanos para denunciar, etc.

Situaciones limitantes como las descritas seguramente llegan a presentirlas los bachaqueros que están reinantes en una gran cantidad de personas y familias, por ello sospechan que en cualquier momento algunas de ellas estarán muy solícitas que estos les aparezcan, por cuyas reventas hasta terminaran de darles las gracias.

5.18. La sociedad amenazada

Las acusaciones y señalamientos respecto al presunto declive que estarían exponiendo las sociedades contemporáneas es dato puntual que hoy día vamos registrando en cualquier cantidad de locaciones, disparadas reiteradamente por un extenso número de personas e instituciones, tanto públicas como privados, establecidos en infinidad de ambientes, con oficios, profesiones y desempeños plurales.

Tales dictos en algunos momentos llegan hasta alcanzar tonos abiertamente luctuosos, sea el caso del pensamiento y los pensadores posmodernos[58], para quienes la condición que van informando ahora las sociedades modernas es profundamente famélica, indicativa del término, finalización o "muerte" al cual habría llegado el experiencial civilizatorio de la modernidad.

Cuando los veredictos intelectivos no llegan a ser tan radicales, las diagnosis y enunciados utilizados preferentemente para indicar los "estados de salud" que muestran las sociedades en consideración, giran en torno a vocablos tales como "crisis", "decaimiento", "problemas", "anomias" "disfuncionalidades", "desorden" "malestar", "derrumbe", etc.

Grosso modo creemos que tales perspectivas de trabajo, un tanto antitéticas, pudiéramos recogerlas en las sostenidas argumentaciones que, unos cuantos años atrás, lograran colocar en la escena

---

[58]Una de las voces más ilustrativas del pensamiento posmoderno ha sido sin duda G. Vattimo y otros. *En torno a la posmodernidad*. Editorial Anthropos. Barcelona, 2000, quien nos ha dicho: "Ante todo, hablamos de posmoderno porque consideramos que, en algún aspecto suyo esencial, la modernidad ha concluido... Pues bien, en la hipótesis que yo propongo, la modernidad deja de existir cuando -por múltiples razones- desaparece la posibilidad de seguir hablando de la historia como una entidad unitaria". 7.

pública internacional los maravillosos amigos de Lyotard[59] y Habermas[60], sin desmeritar otras contribuciones prosperadas por plumas y firmas no menos relevantes.

En unos y otros casos los indicadores de la "muerte" o "crisis" de la sociedad, se establecen más o menos en la revelación y permutación de aspectos vitales como: retiro o pérdida de fuelle en los mecanismos de socialización, de mediación, de autoridad, de confianza, credibilidad, ineficiencia, corrupción, insolidaridad, ingobernabilidad, ausencia de ley, etc.

En vecindad ecológica con unos y otros pensamientos / pensadores, consideramos que, en efecto, las sociedades del presente, especialmente la venezolana, transita-n por evidentes situaciones de "malestar", el cual bien puede leerse como coyuntural y/o de talante epistemológico, esto es, la crisis de la sociedad actual logra mostrarse tanto en un estatuto político-gubernativo muy maltrecho, como bastante desfondada en sus fundamentos y fundamentaciones epistemológicas.

En paralelo, podemos leer las sudoraciones (el declive) que va denunciando la sociedad actual allí donde ingentes números de poblaciones humanas, bien sea a título individual o colectivo, persisten en cultivar sus prácticas sociales, en animar sus desempeños públicos, a grandes distancias de lo establecido para ello en los protocolos, las normas, las exigencias, las axiologías, las filosofías y la política que con anterioridad ha establecido la sociedad (moderna) aquí bajo mirada reflexiva.

Las actividades económico-sociales que empujan los bachacos y bachacas en Venezuela, en correspondencia con esas otras que excitan los continentes de personas y acciones descentradas a lo interno de nuestro país, van justamente en la dirección de causar severas afecciones a la idea y los estatutos de sociedad legítima que ha venido jugado hasta ahora como la gran casa o familia social de todos y todas los-las con-nacionales.

En tanto los procesos de apropiación puntual de la renta petrolera nacional que vienen efectuando ordinariamente los bachacos y bachacos, así como su inmediata conversión en modestas y pode-

---

[59]Tal vez sea el texto de J. F. Lyotard. *La condición posmoderna*. Ediciones Cátedra. Madrid, 1987, Ediciones cátedra, en el cual podamos visibilizar claramente los asuntos problemáticos que exponen "la muerte" de la modernidad.

[60]J. Habermas. *El discurso filosófico de la modernidad*. Madrid, 1993. editorial Taurus.

rosas economías paralelas a aquella instituida legalmente, persisten en desarrollarse a cada instante en el país, al unísono las reglas de juego, las convenciones, las normativas e instituciones creadas para que unos y otros, unas y otras personas vivamos bajo ambientes sociales de paz, seguridad y confianza, van céleremente obturándose.

Los modos sociales indebidos (muy groseros) que ponen en evidencia los bachacos y bachacas para acumular ganancias y asegurar propiedades, las formas heteróclitas como validan tanto sus Procesos de trabajo como la distribución y comercialización de mercancías que acaparan, muestra claramente que la sociedad hasta acordada política y constitucionalmente por las mayoría sociales nacionales, les resulta indiferente, acaso si impropia y molesta para hacer aquello que efectivamente viven haciendo.

Quizás la relación entre sociedad y bachaqueo no marche ahora en términos amistosos, una vez que los bachacos y bachacas emergentes no alcanzan a distinguir en la gran "casa" social nacional, lugar para sus tropicales modos de vida, pero también en un sociedad, unas instituciones y unas ciudadanías (modernas) que prefieren volverse indiferentes y/o colaborativas con tales menesteres y actores, antes que otear los peligros y amenazas que para las mayorías nacionales supone el continuo de estas inefables actividades.

Referencias

[1] Arenas, Nelly (2010): La Venezuela de Hugo Chávez: Rentismo, populismo y democracia. Revista Nueva Sociedad. N°.229. Caracas.

[2] Baptista, Asdrúbal (2005): El capitalismo rentístico.*Elementos cuantitativos de la economía venezolana*, en, Cuadernos del CENDES, vol. 22, núm. 60, Universidad Central de Venezuela. Caracas.

[3] Barbero (1997): Descentramiento cultural y palimpsestos de identidad. Estudios sobre las culturas contemporáneas. Universidad de Colima. México.

[4] Barnola V. Luis F (1992). Variabilidad en el contenido de Mono y sesquiterpenos en las acículas de pino caribaea hondurensis y su relación con la herbivoria por el bachaco atta laeviagata. Tesis de literatura. Facultad de Ciencias, UCV. Caracas.

[5] Durkheim, Emile. (1987): La división social del trabajo. Edit. Akal. Madrid.

[6] Lyotard Jean. F. (1987): La condición posmoderna. Ediciones Cátedra. Madrid

[7] Marx, Karl. (2001. *Salario, precio y ganancia*. Editorial Yulca. Cadiz. España.

[8] Michel (1977): La Gubermentalidad, Ed. La Piqueta. Madrid.

[9] Michel, Foucault. (2009). Las palabras y las cosas. Edit. Siglo XXI. Madrid.

[10] Tonnies, F (1986): El nacimiento de mis conceptos, en: Revista Sociológica, N°. 1. Universidad Autónoma Metropolitana. Xochimilco. México.

[11] Vattimo G. y otros (2000). En torno a la posmodernidad. Editorial Anthropos. Barcelona.

[12] Weber, Max (1992): Economía y Sociedad. Fondo de Cultura Económica. Bs. As.

Referencias Electrónicas

[13] Diario de Las Américas (2015. *La crisis de los precios en Venezuela impulsa el negocio de los bachaqueros*, [En:] http://www.informe21.com/. Consultado el 10/5/15.

[14] Fernández Andrade (2014). Dinámicas fronterizas. Una aproximación desde las políticas del gobierno colombiano para la frontera Norte del Santander-Táchira. (2010-2014), [En:] http://repository.urosario.edu.co/bitstream/handle. Consultado el 26/08/2015.

[15] Girón, Maryolga (2015): Trabajadores formales se rebuscan con el bachaqueo para incrementar ingresos. [En:] http://www.notitarde.com. Consultado el 7/9/15.

[16] Maduro, Nicolás (2015): *"Venezuela despliega 17 000 militares para combatir contrabando a Colombia"*. Declaraciones ofrecidas por el presidente de la República Bolivariana de Venezuela a los medios de comunicación nacional, en fecha del 11/09/15. Recogidas por el periódico http://elnacional.com Consultado el 15/09/2015.

[17] Méndez, Andrés Eloy (2015): "Entre 400 y 500 mil personas se dedican al bachaqueo en todo el territorio nacional". Entrevista realizada por Wladimir Villegas, [En:] "Wladimir a la 1". Globovisión. Caracas.

[18] Paravisini, David. 2015. Vea los negocios que se escondían en la frontera colombo-venezolana, [En:] http://www.consulvenefunchal.com. Consultado el 15/11/15.

[19] Partido Socialista Unido de Venezuela –PSUV (2015): El bachaqueo mediático, [En:] http://www.psuv.org.ve, consultado el 27/08/15.

[20] Prado, Jorge (2015): 20 000 Personas bachaquean en Maracaibo. Noticia de prensa aparecida en http://www.ultimasnoticias.com.ve/. Consulta efectuada el 27/08/15.

[21] Salas Maryori. *Bachaqueo*. Comercio ilegal. Noticia de prensa aparecida en Telearagua.com, el 06/5/2015, consultado el 18/06/2015.

[22] Sistema Bolivariano de Comunicación –Sibci– (2015): *Cantidad de trochas en la frontera colombo-venezolana.* [En:], http://panorama.com Consulta realizada el 12/02/15.

[23] Trompiz, V., Humberto. *Rentismo petrolero y bachaqueo*, [En:] aporrea.org., artículo de opinión aparecido el 21/04/15. Consultado el 10/05/15.

6 Epílogo

La sociedad venezolana persiste en continuar mostrándosenos como una entidad profundamente dilemática, toda una diáspora societaria tensionada, por un lado, entre un conjunto de filosofías y discursos ideopolíticos que procuran señalarle rutas de sentido modernos y modernizantes y, por el otro, un extenso número de imaginarios y prácticas sociales empecinadas en soportarse sobre los dictos informados por la fuerza de la costumbre y las tradiciones culturales pre-modernas.

Tal clase de condición paradojal es justamente esa que antes y durante los tiempos de la revolución bolivariana, los venezolanos y venezolanas hemos estado captando y viviendo bajo distintas maneras, cuya última expresión pareciera arremolinarse en el espeso conflicto que, apropósito de la figura de los "bachacos" y el bachaqueo, vamos conociendo unos y otros, atestiguando y padeciendo unas y otras.

Las funestas prácticas incrustadas en las nominaciones verbales de "bachacos", "bachacas" y el "bachaqueo", como que vivos referentes simbólicos de un hacer social que se va cumpliendo a espaldas de los dictos y el dictado del obrar "políticamente correcto", sirven para indicarnos que, paralelo a la sociedad moderna constituida, campea internamente un "nosotros" que se resiste fuertemente a realizar sus estilos de vida en base a lo dispuesto por las filosofías, el derecho y el Estado que procura recubrirnos a todos y todas.

Una vez que las mencionadas prácticas buscan asegurar modos y estilos de vida para una considerable extensión de personas y familias bi-nacionales, en base a los dictos de sentido que les vayan anteponiendo las contingencias y esa pléyade de "caciques", "tribus" y "bandas" nativas e internacionales a las que fortuitamente se pertenecen, o con quienes ocasionalmente entran en acuerdos y obligaciones, queda claro que las luces, señas y señales interpuestas por la sociedad nacional, políticamente legitimada, poco les importan o en casi les sirven como aguafuertes para impedir aquello que efectivamente viene haciendo desde muchos años atrás.

Ciertamente que las prácticas bachaqueras, a similitud de lo que ocurre con la cultura popular, "tienen amigos a montones", que ellas se gestan de modos individuales como que son (en demasiadas oportunidades) promovidas y lideradas por "grupos de mafias", acantonadas en la frontera colombo-venezolana, especialmente en los estados fronterizos del Zulia, Táchira, Apure y Amazonas, que igual cuentan con solidaridades, amparos y protecciones de ciudadanías y funcionarios públicos nativos, sin embargo hay un fuerte "plus" que las produce y reproduce consuetudinariamente, el cual poco lo advertimos al momento de hacer los balances e intervenciones que hacemos.

La ausencia de gobierno o la presencia débil del gobierno nacional en los prados fronterizos, así como el menguado interés del gobierno colombiano en tal asunto, obviamente que muy son contributivas para que en tales lugares campee ordinariamente la ley bachaquera, que a favor de estas causales se conjuntan las políticas económicas y sociales de subsidios y regulaciones a granel que ha venido estableciendo las administraciones gobierneras de Chávez y Maduro, etc., más lo que pareciera estar jugando fuertemente en tal situación es la constatación de una sociedad, unas ciudadanías, unos gobiernos y, sobre manera, un Estado sumamente raquítico, carente de potentes calidades y virtudes como para ser justamente "tope de contención" sobre aquellas actuaciones sociales eminentemente disfuncionales.

El llamado "bachaqueo" y las prácticas culturas que de ello se desprenden, nos hacen saber de unas puesta en escena sumamente visibles que viven llevando a cabo ordinariamente considerables personas y familias, relacionadas a formas heteróclitas para hacer negocios y acumular riquezas en suelo nacional, con claro desprecio a lo dispuesto para tales fines por nuestras jurisprudencias e instituciones.

Lejos de ser nuevas o minúsculas, ellas tienen ya unos largos acumulados de años, produciendo las consecuencias e impases que unos y otros hemos estado conociendo, sin que sus fondos procuren ser superados en casi nada.

Las prácticas bachaqueras y sus correlativos de "contrabando de extracción", acaparamiento, especulación y reventa hacia países limítrofes con el nuestro, obviamente que encuentran en las políticas económicas y sociales dispuestas por los gobiernos nacionales de turno, excelentes abonos para su realización permanente, más sin embargo, hemos de señalar que ellas ocurren abiertamente toda vez que tenemos una sociedad que ha venido mirando a las mismas con demasiada indiferencia, cuando no, manteniendo una alta identificación y cooperación con las mismas, y a un Estado que apenas si actúa sobre ellas en base a meras políticas de contingencia.

Ciertamente que el bachaqueo está intervenido por muchas aristas, entre las cuales sobresalen el desempleo, los bajos salarios, la contracción económica, la enorme extensión fronteriza, el populismo, el rentismo, etc., no obstante ellas viven aleccionándose frecuentemente cuando encuentran (también) a unas ciudadanías que solo tienden aquejarse cuando los productos no les llegan y, muy especialmente a unas instituciones públicas, incluyendo partidos políticos (de gobierno, de oposición), junto a la cacaraqueada "sociedad civil", que lejos de repeler seriamente a las mismas, ven en ellas distintos y apetitosos "caldos de cultivo" político-electoral.

7 Galería Fotográfica

Índice de figuras

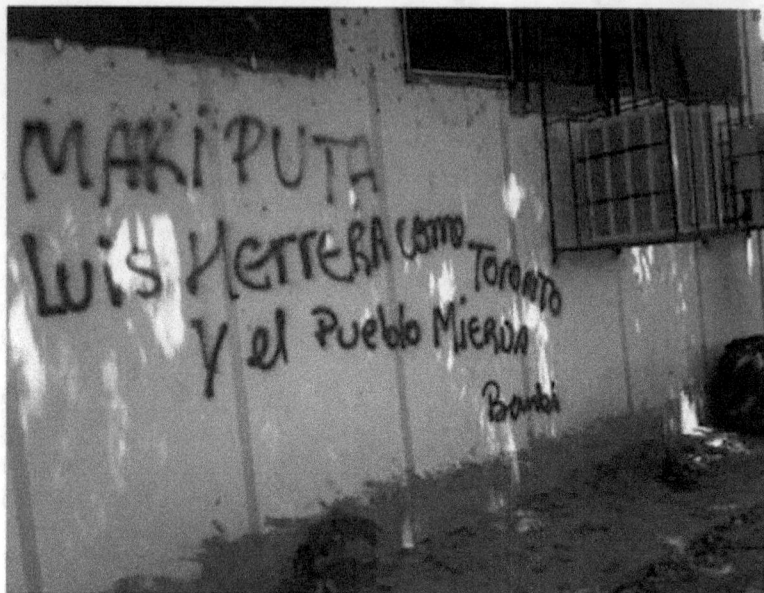

Figura 7.1. Pizarra Urbana #1

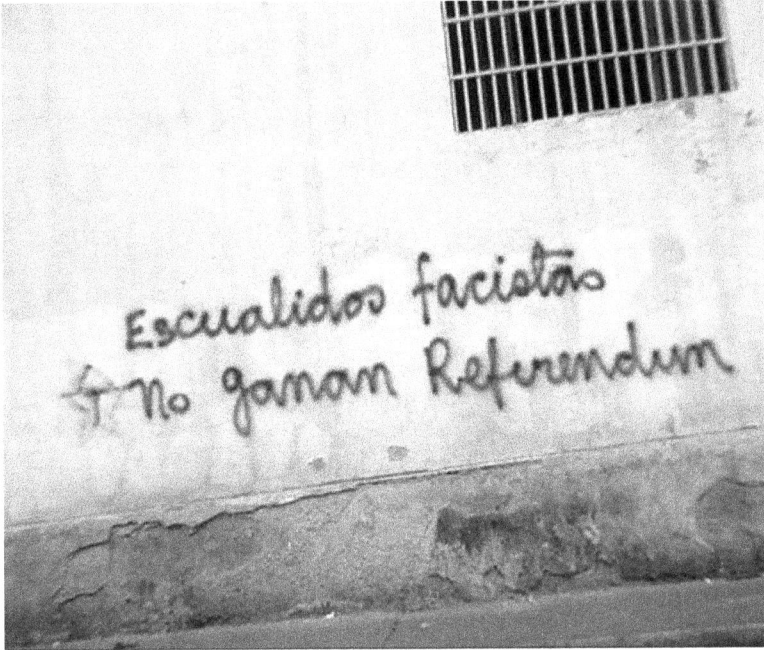

Figura 7.2. Pizarra Urbana #2

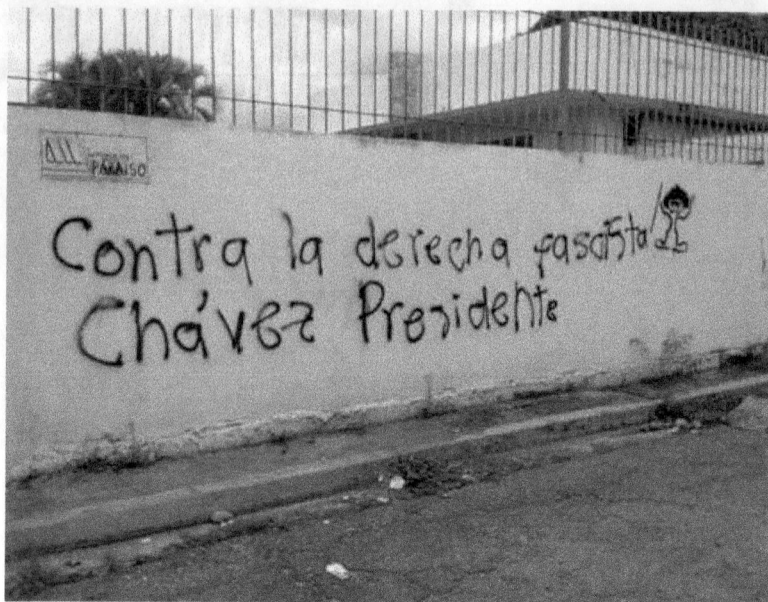

Figura 7.3. Pizarra Urbana #4

Figura 7.4. Pizarara vehicular #1

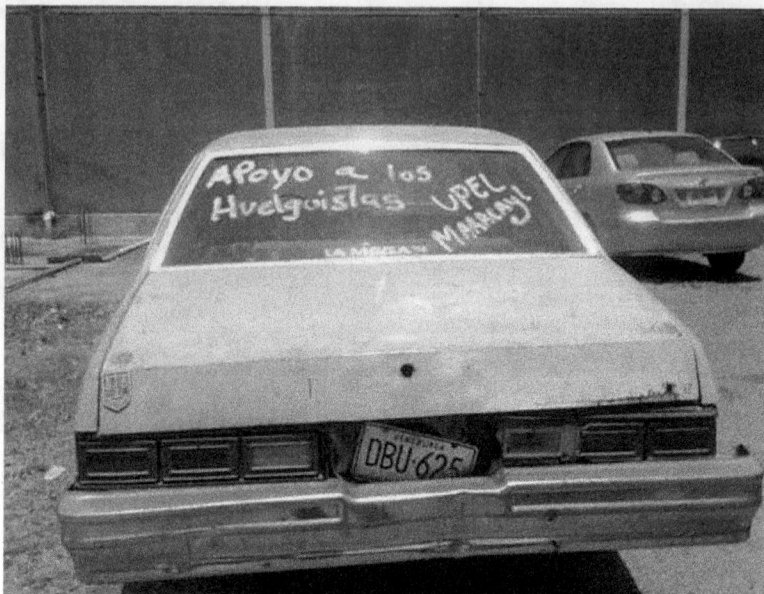

Figura 7.5. Pizarra vehicular #2

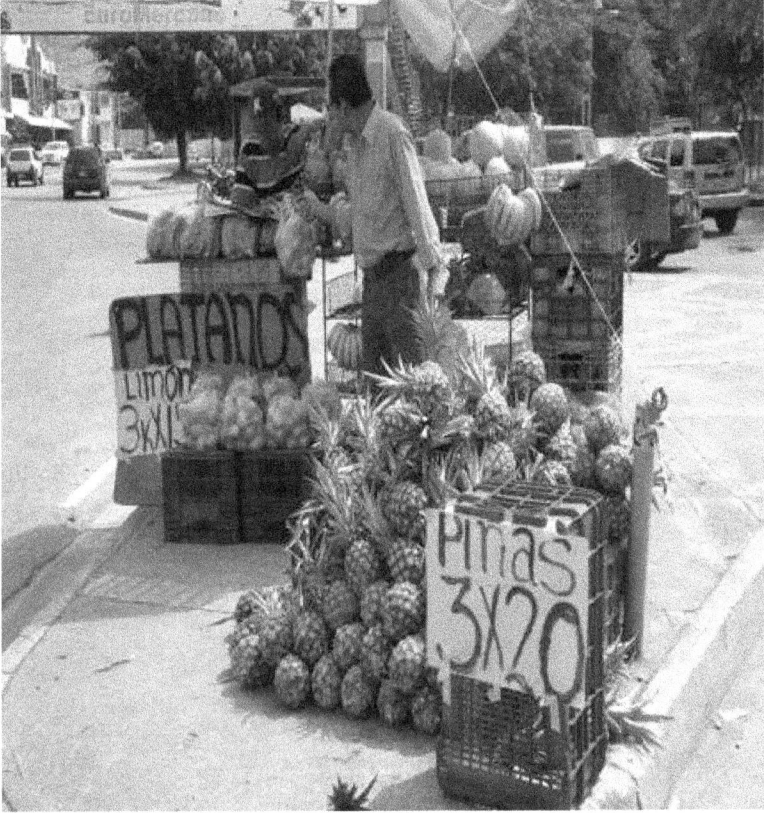

Figura 7.6. Vendedor de frutas y hortalizas

Figura 7.7. Vendedor de perros y hamburguesas

Figura 7.8. Venta de flores #1

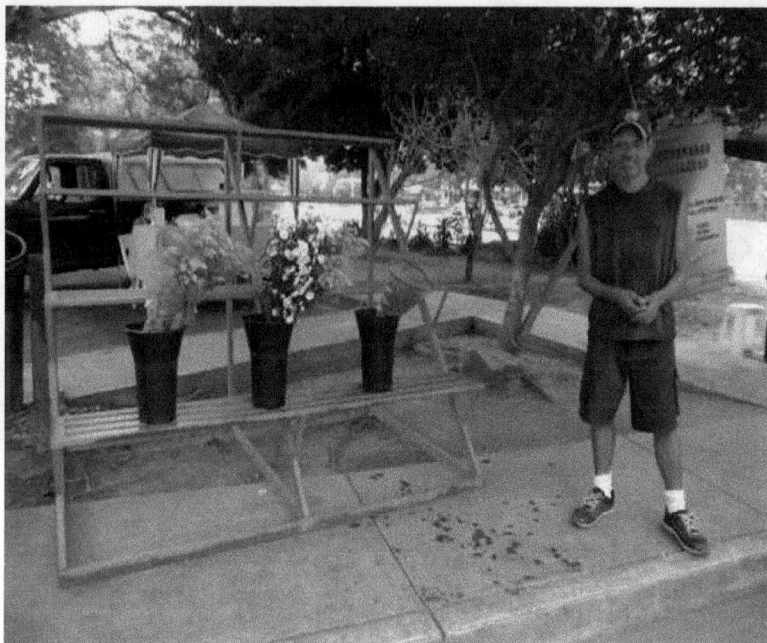

Figura 7.9. Venta de flores #2

Figura 7.10. Mercado callejero #1

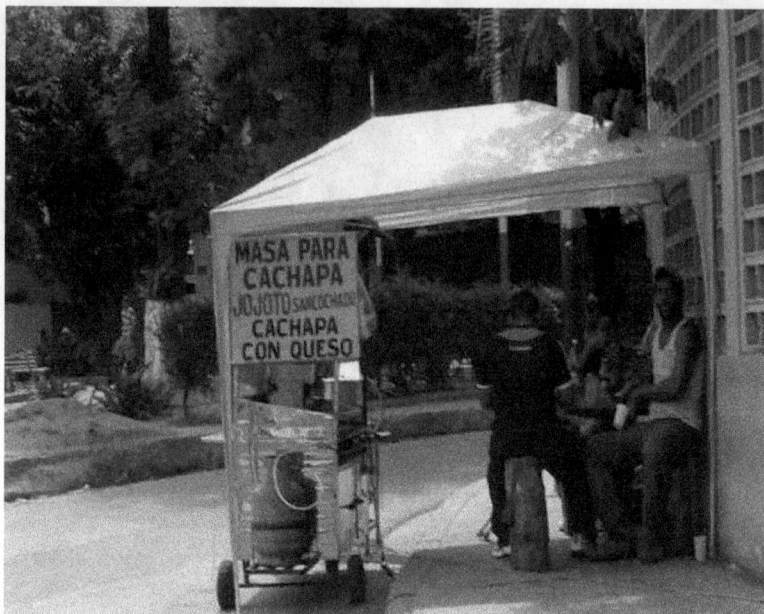

Figura 7.11. Mercado callejero #2

Figura 7.12. Vendedor de algodón

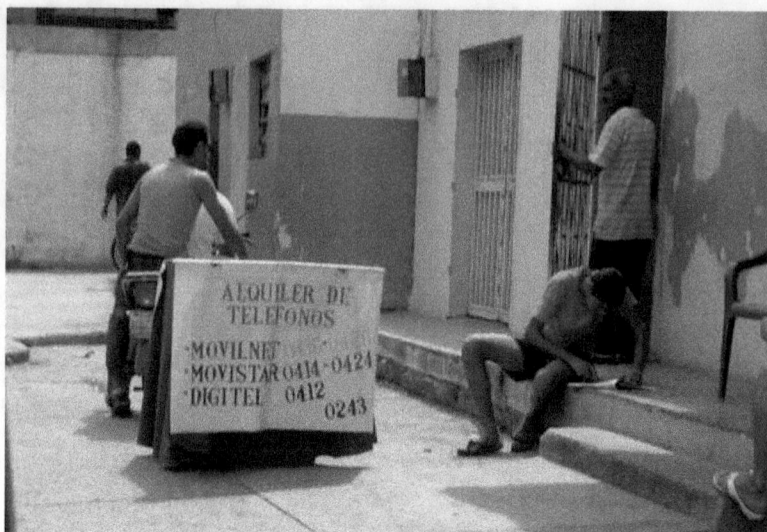

Figura 7.13. Alquilador de teléfonos

Figura 7.14. Lavacarros urbanos #1

Figura 7.15. Pizarra vehicular #1

Figura 7.16. Vendeplátanos

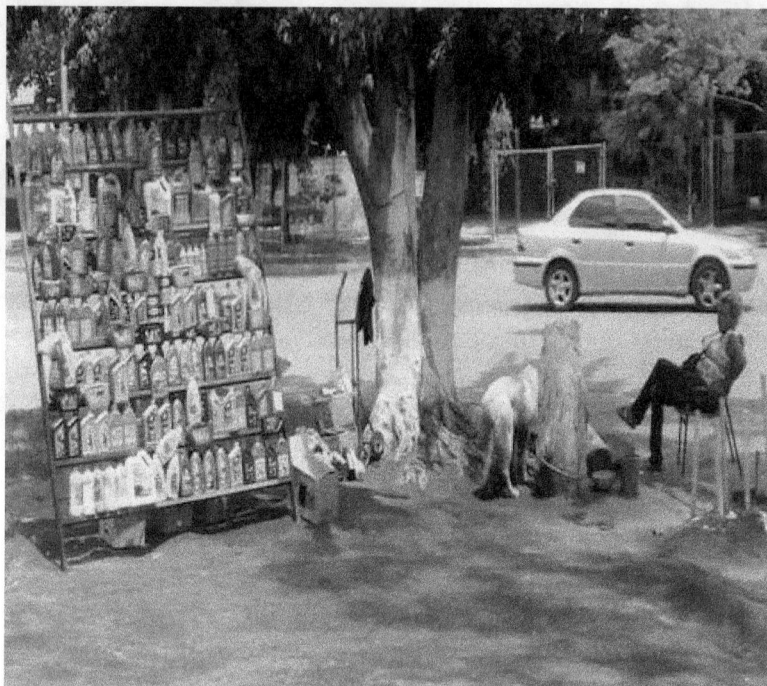

Figura 7.17. Vendedor de aceites

Figura 7.18. Vendedor de jugo de caña

Figura 7.19. Lustrador de calzado

Figura 7.20. Cirujano de calzado

Figura 7.21. Parquero urbano

Figura 7.22. Figura 1

Figura 7.23. Cartonero

Figura 7.24. Vendedor de queso

Figura 7.25. Cirqueros callejeros

Figura 7.26. Carros zapateros

Figura 7.27. Figura 1

Figura 7.28. Figura 1

Figura 7.29. Vendedor de jugos de naranja

Figura 7.30. Figura 1

Figura 7.31. Cagador de sacos

Este libro se terminó de imprimir el 1 de septiembre de 2016, según el calendario juliano en la ciudad de Sandomierz (Polonia)

Edgar es un nombre propio de origen germano que significa "El que defiende sus tierras con la lanza". Su variante en español es Edgardo, pero ha sido progresivamente sustituido por su variante inglesa, debido a su popularización que tuvo a causa del éxito del escritor estadounidense Edgar Allan Poe en el siglo XIX.

Su maquetación y composición fue realizada en LATEX. Se utilizó la fuente Avenir en 10,11 y 12 pts.

www.ingramcontent.com/pod-product-compliance
Lightning Source LLC
Chambersburg PA
CBHW050117280326
41933CB00010B/1135